E DES ARTS DÉCORATIFS

*PALAIS DES TUILERIES*

PAVILLON DE FLORE

# EXPOSITION

# D'ART CONTEMPORAIN

## *NOTICE DESCRIPTIVE*

DEUXIÈME SÉRIE

*PARIS*

Imprimerie de la *Société anonyme de Publications Périodiques*

P. MOUILLOT

13, Quai Voltaire, 13

Mars 1874

EXPOSITION

# D'ART CONTEMPORAIN

# AVERTISSEMENT

La Direction du Musée des Arts décoratifs a pensé qu'avant d'exposer l'ensemble des collections anciennes et modernes qui doivent constituer la nouvelle fondation, il convenait de montrer au public un choix épuré des plus belles œuvres contemporaines qui indiquât clairement l'état actuel de l'art décoratif.

La présente Exposition n'est donc, en quelque sorte, qu'une préface à l'œuvre qu'il s'agit de créer. Elle pourra déterminer chez les fabricants et les artistes une perception plus nette du but qu'on se propose, et provoquer de nouveaux efforts. Ensuite viendra l'organisation du Musée qui se fera aussi complètement que les circonstances le permettront et d'après le plan qui est développé ci-après.

Cette Notice donne la description successive de chacune des salles du Musée, numérotées de A à I, sauf celle de la peinture (lettre D). Les œuvres de cette section se trouvant disséminées, on a fait pour elles un Catalogue séparé qui se trouve à la fin de la Notice.

# MUSÉE DES ARTS DÉCORATIFS

## PALAIS DES TUILERIES

### PAVILLON DE FLORE

---

# EXPOSITION

# D'ART CONTEMPORAIN

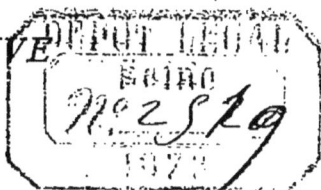

## NOTICE DESCRIPTIVE

---

## DEUXIÈME SÉRIE

---

## PARIS

Imprimerie de la *Société anonyme de Publications Périodiques*

P. MOUILLOT

13, Quai Voltaire, 13

*Mars 1879*

# PRÉFACE

## BUT DU MUSÉE

La France possède depuis longtemps, dans les industries qui relèvent de l'art, une suprématie que les nations étrangères, justement préoccupées de leurs intérêts, s'efforcent de lui disputer. L'Exposition universelle de 1878 a révélé une fois de plus les puissants moyens mis en œuvre par l'Angleterre, par l'Autriche, par la Belgique, par l'Amérique, pour relever dans ce but le niveau de l'instruction chez leurs ouvriers et leurs artistes.

Il est donc grand temps pour nous d'étudier, avec la même ardeur que nos rivaux, une question vitale qui intéresse la prospérité matérielle de notre pays aussi bien que sa gloire. L'avance considérable que nous possédons encore, grâce à notre goût naturel, pourrait, en effet, se trouver insensiblement perdue, si la France ne se préoccupait, dès aujourd'hui, de développer chez ses ouvriers, ses artistes, ses fabricants, ses amateurs, en un mot chez tous ceux qui achètent comme chez tous ceux qui vendent, chez tous ceux qui commandent comme chez tous ceux qui créent, les dispositions particulièrement favorables qu'elle doit à son génie propre et à l'ensemble de ses traditions laborieuses.

La création d'un établissement qui, sous le nom de *Musée des Arts décoratifs*, rassemblerait tous les moyens d'étude réclamés par les industries d'art (collections de chefs-d'œuvre, collections techniques, bibliothèques, cours, conférences, prêts de modèles) semble tout d'abord la plus utile pour atteindre le double but qu'on doit se proposer, c'est-à-dire le progrès du goût public et l'instruction des producteurs.

## ORGANISATION

### DE LA SOCIÉTÉ FONDATRICE DU MUSÉE

C'est pour réaliser cette pensée que s'est formée l'Association du *Musée des Arts décoratifs* par acte passé par-devant M<sup>es</sup> Segond et Aumont-Thiéville, notaires à Paris, le 27 avril 1877. Elle a reçu les autorisations de l'autorité compétente qui a approuvé ses statuts.

Cette Association n'a aucun caractère commercial ; ses membres déclarent renoncer à tout bénéfice et ne vouloir s'imposer que des obligations dans un intérêt général. D'après l'article 3 des statuts, dans le cas où l'Association cesserait d'exister, tous les objets d'art qu'elle aurait réunis *feraient retour à l'État* et deviendraient *propriété nationale*.

Cette Association est composée :

1° D'un *Comité de patronage* ;

2° D'un *Comité directeur* dont les membres, au nombre de trente, seront renouvelés, après cinq ans d'exercice ;

3° Des *Membres fondateurs* qui, réunis en assemblée générale, nommeront tous les cinq ans les membres du Comité directeur.

Il n'a pas paru nécessaire de former une Société dont la constitution permît de faire tous les actes commerciaux, inhérents au fonctionnement de l'Association.

Cette Société, en effet, existait déjà ; elle avait prouvé sa bonne organisation, et rendu de tels services à la cause de l'enseignement populaire des arts décoratifs, qu'il y avait autant d'honneur que de profit à lui demander son concours.

La Société de l'*Union centrale des Beaux-Arts appliqués à l'Industrie* a répondu avec empressement à cet appel. Son Conseil d'administration et le Comité directeur se sont mis d'accord pour mener, de concert, l'entreprise, et le *Musée des Arts décoratifs* sera, en réalité, leur œuvre commune.

# COMITÉ DE PATRONAGE

## PRÉSIDENT D'HONNEUR

M. LE DUC D'AUDIFFRET-PASQUIER, ancien Président du Sénat.

## PRÉSIDENTS HONORAIRES

PHILIP CUNLIFFE OWEN, esq. C. B., Directeur du *South Kensington Museum.*

SIR RICHARD WALLACE, *baronet,* membre du Parlement.

## PRÉSIDENTS

\* M. LE MARQUIS DE CHENNEVIÈRES, Directeur honoraire des Beaux-Arts.

\* M. EDOUARD ANDRÉ, Président de l'*Union centrale des Beaux-Arts appliqués à l'Industrie.*

## VICE-PRÉSIDENTS

\* M. LE DUC DE CHAULNES.

M. ADRIEN DUBOUCHÉ, directeur du Musée céramique de Limoges.

\* M. EUGÈNE GUILLAUME, membre de l'Institut, ancien directeur général des Beaux-Arts.

M. FERDINAND DUVAL, ancien préfet de la Seine.

\* M. LE VICOMTE DE GANAY.

M. ENGEL DOLLFUS, manufacturier.

## SECRÉTAIRE GÉNÉRAL

M. EUGÈNE VÉRON, directeur de l'*Art.*

---

(\*) Les membres du Comité de patronage dont les noms sont précédés d'un astérisque, font en outre partie du Comité directeur.

# MEMBRES

MM.

ABADIE, architecte, membre de l'Institut.

ABOUT (EDMOND), homme de lettres.

ALPHAND, inspecteur général des ponts et chaussées, directeur des travaux de la ville de Paris.

ABZAC DE MAYAC (le général marquis D'), aide de camp de M. le maréchal de Mac-Mahon, duc de Magenta, ancien Président de la République.

ARMAILLÉ (le comte D').

ARNOULD (CHARLES).

AUGIER (ÉMILE), de l'Académie française.

AUMALE (le duc D'), de l'Académie française.

\* BALLU (THÉODORE), architecte, membre de l'Institut.

BAPST, membre du Syndicat de la Presse.

BARDOUX, député, ancien ministre de l'Instruction publique, des Cultes et des Beaux-Arts.

BAUDRY (PAUL), membre de l'Institut.

BELVALETTE, fabricant de voitures.

BÉNILAN (THÉODORE), banquier, ancien membre du Tribunal de commerce de la Seine.

BÉRAUDIÈRE (le comte DE LA).

BERCHOUD (LÉON), propriétaire de la manufacture de tapisseries de Belleville.

\* BERGER (GEORGES), professeur à l'Ecole nationale des Beaux-Arts, ancien directeur des sections étrangères de l'Exposition universelle de 1878.

BESNARD (ULYSSE), directeur du Musée de Blois.

BEURDELEY (A.).

BEURNONVILLE (DE).

\* BIENCOURT (le marquis DE).

BINDER (LOUIS), conseiller municipal de la ville de Paris.

BLIGNY.

BOCHER, sénateur.

\* BOCHER (EMMANUEL), homme de lettres.

BONNAFFÉ (EDMOND).

\* BOUCHERON (F.), bijoutier.

BOULENGER (H.), propriétaire de la faïencerie de Choisy-le-Roi.

BROUTY, architecte.

CASTELLANI, joaillier.

CAVAILLÉ-COLL (ARISTIDE), facteur d'orgues.

MM.

CAVELIER (Jules), statuaire, membre de l'Institut.

CHAPU (Henri), statuaire.

CLÉMENT DE RIS (le comte), conservateur du Musée de Versailles.

COMYNS CAR (J.-W.), directeur de l'*Art* pour l'Angleterre.

CORMONA.

COSTER (Martin), consul général des Pays-Bas.

CZARTORISKY (le prince).

\* DALLOZ (Paul), membre du Syndicat de la Presse.

DARCEL (Alfred), administrateur de la Manufacture nationale des Gobelins.

DAVILLIER (le baron).

DECK (Th.), céramiste.

DELAHERCHE (Alexandre), à Beauvais.

DELAMOTTE, banquier.

DELAPLANCHE (Eugène), statuaire.

DELATOUR (Alfred), de la maison Lacarrière frères, Delatour et Cie.

DENUELLE, artiste peintre.

DESTAILLEURS (H.), architecte.

DEVILLE (J.), membre du Tribunal de commerce de la Seine, président honoraire de la Chambre syndicale de la Tapisserie.

DOMMARTIN (F.), ancien membre du Tribunal de commerce de la Seine.

DUBOIS (Paul), membre de l'Institut, directeur de l'École nationale des Beaux-Arts.

DUBUFE (Édouard), artiste peintre.

\* DUPLAN, manufacturier.

DUPLESSIS (Georges), conservateur au département des estampes de la Bibliothèque nationale.

\* DUPONT-AUBERVILLE (A.)

DUPRÉ (Jules), artiste peintre.

DURAND-DASSIER.

DUVAL (Antonin), de la maison Jandin et Duval, à Lyon.

FEIL (Charles).

\* FOURDINOIS (H.), fabricant d'ameublements.

GANAY (le marquis de).

GASTINNE-RENETTE, arquebusier.

GAUCHEREL (Léon), artiste peintre et graveur.

\* GÉRARD (le baron).

\* GÉROME (Léon), membre de l'Institut.

GONSE (Louis), rédacteur en chef de la *Gazette des Beaux-Arts*.

GOUNOD (Charles), membre de l'Institut.

MM,

GRAUX (Jules), fabricant de bronzes.

GRÉARD, membre de l'Institut, inspecteur général de l'instruction publique.

GRÉAU (Jules), membre de plusieurs sociétés savantes.

* GREFFULHE (le comte Charles).

GREFFULHE (le comte Henri), sénateur.

GROHÉ (G.), fabricant de meubles.

GRUEL-ENGELMANN, relieur.

GRUYER, membre de l'Institut.

HAFFNER (Pierre), manufacturier.

HALANZIER, directeur de l'Académie nationale de Musique.

HÉBRARD, membre du Syndicat de la Presse.

HEINE (Michel).

HERVÉ, membre du Syndicat de la Presse.

HOULLIER-BLANCHARD, armurier.

JAUCOURT (de), ancien député.

JANICOT, membre du Syndicat de la Presse.

JOURDE, membre du Syndicat de la Presse.

* LAFENESTRE (Georges), homme de lettres, chef de bureau à la direction des Beaux-Arts.

LANGLOIS DE NEUVILLE, directeur des Bâtiments civils.

LASTEYRIE (le comte Ferdinand de), membre de l'Institut.

LAU D'ALLEMANS (le marquis Armand du).

LAURENS (Jean-Paul), artiste peintre.

LEMERCIER, imprimeur lithographe.

LEMOINE (John), de l'Académie française.

LEVASSEUR (Émile), membre de l'Institut.

* LONGPÉRIER (A. de), membre de l'Institut.

LORTIC, relieur.

LOURDEL-ROUVENAT, joaillier.

* MANNHEIM (Charles), expert.

* MANTZ (Paul), homme de lettres.

MARCILLE (Eudoxe), directeur du Musée d'Orléans.

MARGUERIN, administrateur des écoles supérieures municipales.

MEISSONIER (Ernest), membre de l'Institut.

MÉNARD (René), homme de lettres.

MENIER, député, membre de la Chambre de commerce de Paris.

MEUSNIER, manufacturier.

NOEL (Charles), banquier, membre de la Chambre de commerce de Paris et consul d'Haïti.

ODIOT (Ch.-G.-E.), orfèvre.

MM.

ODIOT (Ernest).

PAILLARD (Victor), ancien fabricant de bronzes, maire du 3e arrondissement de Paris.

PARFONRY, président de la Chambre syndicale de la Marbrerie.

PERRIN (Émile), membre de l'Institut, administrateur général de la Comédie-Française.

PEULLIER (H.), manufacturier.

PILLET (Charles), commissaire-priseur.

POLOVTSOF, sénateur à Saint-Pétersbourg.

POURTALÈS (le comte Edmond de).

POUSSIELGUE-RUSAND (P.), fabricant de bronzes et orfèvrerie pour églises.

* PROUST (Antonin), député.

REDERON.

ROSE (A.), directeur du dépôt de la cristallerie de Baccarat.

* ROTHSCHILD (baron Adolphe de).

ROTHSCHILD (le baron Alphonse de).

ROTHSCHILD (le baron Gustave de).

ROTHSCHILD (le baron J.-Édouard de).

SABATIER, à Nice.

SAGLIER, président de la Chambre syndicale de la Céramique.

SALVETAT, chef des travaux chimiques de la Manufacture nationale de Sèvres.

SEILLÈRE (le baron).

SELVE (le marquis de).

SERVANT, fabricant de bronzes.

SOMMERARD (E. du), directeur du Musée des Thermes et de l'hôtel de Cluny.

SOMMIER.

* SOURDEVAL (Alfred de).

SPULLER, député, membre du Syndicat de la Presse.

TALHOUET (le marquis de), sénateur.

* TARDIEU (Charles), rédacteur en chef de l'Art.

TESSE (Paul), ingénieur.

THOMAS (Ambroise), membre de l'Institut, directeur du Conservatoire national de musique.

TRÉMOILLE (le duc de la).

VIOLLET-LE-DUC (Eugène), architecte, membre du conseil municipal.

WALTNER (Charles), artiste peintre et graveur.

WATTEVILLE (le baron Oscar de), ancien directeur des Sciences et des Lettres au ministère de l'Instruction publique.

# COMITÉ DIRECTEUR

## POUR LES ANNÉES 1877-1882

M. le duc de CHAULNES, *Président.*

M. le vicomte de GANAY, *Vice-Président.*

M. de CHAMPEAUX, sous-chef du bureau des Beaux-Arts à la préfecture de la Seine, *Secrétaire.*

M. TARDIEU, rédacteur en chef de l'*Art*, *Secrétaire.*

### MEMBRES

MM.

ANDRÉ (ÉDOUARD).

BALLU, architecte, membre de l'Institut.

BARRIAS (FÉLIX), artiste peintre.

BERGER (GEORGES).

BIENCOURT (le marquis DE).

BOCHER (EMMANUEL).

BOUCHERON, joaillier.

BOUILHET, manufacturier.

CHENEVIÈRES (le marquis DE), directeur honoraire des Beaux-Arts.

DALLOZ (PAUL), membre du Syndicat de la Presse, directeur du *Moniteur universel.*

DUPLAN, manufacturier à Paris.

DUPONT-AUBERVILLE.

FOURDINOIS (H.), fabricant d'ameublements.

GÉRARD (le baron).

GÉROME, membre de l'Institut.

GREFFULHE (le comte HENRI), sénateur.

GUILLAUME, membre de l'Institut, ancien directeur général des Beaux-Arts.

LAFENESTRE (GEORGES), chef de bureau à la direction générale des Beaux-Arts.

LONGPÉRIER (ADRIEN DE), membre de l'Institut.

LOUVRIER DE LAJOLAIS, directeur de l'École nationale des Arts décoratifs.

MANNHEIM, expert.

MANTZ (PAUL), publiciste.

PROUST (ANTONIN), député.

ROTHSCHILD (le baron ADOLPHE DE).

SABRAN (le duc DE).

SOURDEVAL (DE).

# ORGANISATION DU MUSÉE

## AU PAVILLON DE FLORE

Dès sa formation, l'Association a rencontré de précieux et puissants auxiliaires. M. le Préfet de la Seine s'est montré disposé à favoriser, en ce qui le concerne, une œuvre qui doit créer dans la capitale un foyer nouveau d'instruction et de moralisation. Le Conseil supérieur des Beaux-Arts, consulté sur l'opportunité du projet par M. le Ministre de l'Instruction publique et des Beaux-Arts, a émis, à l'unanimité, le vœu « que le Gouvernement aide à la création du *Musée des Arts décoratifs,* dans toute la mesure possible. »

Enfin MM. les ministres des Travaux publics et des Finances se sont empressés de montrer, d'une manière efficace, l'intérêt avec lequel ils accueillaient le projet, en accordant à l'Association, pour son installation, une partie du palais des Tuileries, le pavillon de Flore.

C'est donc dans ce vaste et magnifique local, situé au centre de l'activité parisienne, que va être organisé le *Musée des Arts décoratifs.*

De quels objets sera-t-il formé ? Dans la pensée des fondateurs, un tel Musée, destiné à l'éducation simultanée des ouvriers et du public, des producteurs et des consommateurs, doit comprendre tous les types de nature à développer l'enseignement spécial et technique, en même temps que l'intelligence des ensembles décoratifs.

La classification à adopter a été soumise aux méditations des juges les plus compétents, car de celle-ci dépendait, pour une grande part, l'utilité du Musée. Il fallait, en effet, présenter les objets dans un ordre clair et logique, qui fût un guide pour celui qui ne sait pas, un complément d'information pour l'homme instruit. Après mûres délibérations, il a été décidé qu'on formerait deux grandes classes, subdivisées en un certain nombre de sections :

1° *Le décor des édifices* (extérieur et intérieur);

2° *Le décor des objets à l'usage de l'homme.*

Douze sections, ayant chacune un président faisant partie du Comité directeur, et un nombre variable de membres choisis parmi les hommes spéciaux, ont été instituées. Ces sections nomment leur bureau, à l'exception du président ; elles ont la faculté de s'adjoindre, s'il y a lieu, de nouveaux membres, dont le choix doit être ratifié par le Comité directeur, et qui, en tout cas, ne peuvent excéder le chiffre de vingt. Les travaux et les résolutions de chacune d'elles sont soumis aux présidents des autres sections qui, réunis, forment le Conservatoire du Musée, sous la présidence du Vice-Président du Comité directeur. C'est ce Conservatoire qui présente les projets d'acquisitions et autres au Comité directeur, equel a seul le droit de décider. Les projets étant approuvés, l'exécution est laissée à la section qui les a proposés.

Voici la composition actuelle des sections :

## 1° ARCHITECTURE
### M....., *Président.*

MM.

ALDROPHE, architecte.

BAILLY, architecte, membre de l'Institut.

BALLU, architecte, membre de l'Institut.

BAUDOT (DE), architecte.

BOUVARD, architecte.

CORROYER, architecte.

MM.

GARNIER (CHARLES), architecte, membre de l'Institut.

LEFUEL, architecte, membre de l'Institut.

RUPRICH-ROBERT, architecte, professeur à l'École nationale des Arts décoratifs.

SÉDILLE (PAUL), architecte.

VIOLLET-LE-DUC, architecte.

## 2° SCULPTURE
### M. GUILLAUME, *Président*

MM.

CAVELIER.

CHAPU, sculpteur.

CARRIER-BELLEUSE, sculpteur, directeur des travaux d'art à la manufacture de Sèvres.

COURAJOD, publiciste, attaché à la conservation du Musée du Louvre.

DREYFUS.

MM.

ÉPHRUSSI (CH.).

MICHAUX, chef de la division des Beaux-Arts à la préfecture de la Seine.

MILLET (AIMÉ), professeur à l'École nationale des Arts décoratifs.

PIOT (EUGÈNE), publiciste.

STIRBEY (PRINCE GEORGE).

## 3° PEINTURE
### M. GÉROME, *Président.*

MM.

BARRIAS, artiste peintre.

BAUDRY, artiste peintre, membre de l'Institut.

COTTIER.

DENUELLE, artiste peintre-décorateur.

FÉRAL, expert.

GALLAND, artiste peintre, professeur du cours supérieur d'art décoratif à l'École nationale des Beaux-Arts.

GAUCHEZ (LÉON).

LAFENESTRE (GEORGES), chef de bureau à la direction des Beaux-Arts.

MM.

LAMEIRE, artiste peintre-décorateur.

LAVASTRE, artiste peintre-décorateur.

LECHEVALLIER - CHEVIGNARD, artiste peintre, professeur à l'École nationale des Arts décoratifs.

PETIT (GEORGES), expert.

PILLET (CHARLES), commissaire-priseur.

PUVIS DE CHAVANNES, artiste peintre.

SAINT-VICTOR (PAUL DE), publiciste, inspecteur des Beaux-Arts.

TIMBAL (CHARLES), artiste peintre et publiciste.

## 4° DÉCOR FIXE

M. MANTZ (PAUL), *Président.*

MM.

BÉHAGUE (DE).

BIAIS, manufacturier.

CHAMPEAUX (DE), sous-chef de bureau de la division des Beaux-Arts, à la préfecture de la Seine.

COLLIN, chef d'atelier à la manufacture des Gobelins.

DARCEL, administrateur de la manufacture des Gobelins.

DUMETZ.

DIÉTERLE, artiste peintre, administrateur de la manufacture de Beauvais.

MM.

DUPLAN, manufacturier.

DUPONT, manufacturier.

GOUPIL (ALBERT), éditeur d'estampes, etc.

GUIFFREY (J.-J.), archiviste aux Archives nationales.

MUNTZ, bibliothécaire à l'Ecole des Beaux-Arts.

PERRIN (EM.), administrateur de la Comédie-Française.

PROUST (ANTONIN), député.

STEINHEIL.

## 5° DÉCOR MOBILE

### *Métaux, Bronze, Orfèvrerie*

M. . . . . . . . , *Président.*

MM.

BARBEDIENNE, manufacturier.

BEURDELEY fils, manufacturier.

BOUILHET (H.), négociant.

DASSON, manufacturier.

DUFRESNE (HENRI), inspecteur général de l'Université.

MM.

FANNIÈRE (A.), orfèvre.

FANNIÈRE (J.), orfèvre.

LABARTE (JULES), membre de l'Institut.

MONTGERMONT (LOUIS DE).

ODIOT (GUSTAVE), orfèvre.

## 6° MEUBLES

M. BOCHER, *Président.*

MM.

BERAUDIÈRE (DE LA),

DOUBLE.

DUPONT-AUBERVILLE.

FOURDINOIS, fabric. de meubles.

GALLARD (ÉMILE).

MM.

GROHÉ, fabricant de meubles.

HÉDIN, professeur à l'École nationale des Arts décoratifs.

LEMOINE, fabricant de meubles.

SAUVREZY, fabricant de meubles.

SENÉ, ébéniste.

2

## 7° CÉRAMIQUE, ÉMAUX, VERRERIE

M. DALLOZ (Paul), *Président.*

MM.

ANDRÉ (Alfred), réparateur d'objets d'art.
DECK, céramiste.
GARNIER, attaché à la conservation du musée de Sèvres.
GASNAULT (Paul), secrétaire général de la Société du Musée des Arts décoratifs.
LE BRETON, conservateur du musée céramique de Rouen.
LEROUX, chef du cabinet à la préfecture de la Seine.
LIESVILLE (DE).

MM.

MILET, chef de la fabrication, à Sèvres.
MOREAU (A.).
LEPEC (Ch.), artiste peintre-émailleur.
POPELIN (Cl.), artiste peintre-émailleur.
ROUSSEAU, céramiste.
ROSE, directeur du dépôt de la cristallerie de Baccarat.
STEINHEIL, peintre-verrier.
THESMAR, artiste peintre-émailleur.
WITTE (baron de).

## 8° VÊTEMENTS

M. DUPONT-AUBERVILLE, *Président.*

MM.

BALLU (Roger), inspecteur-adjoint des Beaux-Arts.
BIAIS.
BOCHER (Emmanuel).
DÉTAILLE (Ed.), artiste peintre.
GIRAUD (Ch.), artiste peintre.
GOT, de la Comédie-Française.
GOUPIL (Albert).
GRÉAU (Jules).
LACOSTE, artiste peintre.
LEFÉBURE (E.), manufacturier.

MM.

LORAIN, architecte.
NUITTER (Charles), archiviste du théâtre de l'Opéra.
PERRIN (Émile), administrateur de la Comédie-Française.
PROTAIS, artiste peintre.
RÉGNIER, de la Comédie-Française.
SCHŒLCHER, sénateur.
TAIGNY (Edmond).
TIRARD, député.

## 9° PARURE

M. BERGER, *Président.*

MM.

BAPST, joaillier, directeur du *Journal des Débats.*
BAPST (Germain).
BERNARD (Martial), joaillier.
BOUCHERON, joaillier.
CHRISTOFLE, manufacturier.
DAVILLIER (le baron).

MM.

DUVELLEROY.
FALIZE, joaillier.
FONTENAY, bijoutier.
FROMENT-MEURICE, joaillier.
MASSIN, joaillier.
MEYER (Alfred), émailleur.

## 10° ARMES

### M. LONGPÉRIER (DE), *Président.*

MM.

BEAUMONT (E. DE), artiste peintre.

CHAMPIER (VICTOR), publiciste, secrétaire du *Musée des Arts décoratifs.*

FOULC.

GAY (VICTOR).

MM.

LECLERC (le colonel), conservateur du musée d'artillerie.

MAILLET-DUBOULLAY.

RIGGS.

STEIN.

## 11° ENSEIGNEMENT

### M. LOUVRIER DE LAJOLAIS, *Président.*

MM.

BERT (PAUL), député.

BLANC (CH.), membre de l'Institut.

CHARTON (ÉDOUARD), sénateur.

CLOPET, professeur à l'École nationale des Arts décoratifs.

DELAGRAVE, éditeur.

LIÈVRE (ED.).

MM.

MÉNARD (RENÉ), publiciste.

RACINET, artiste peintre.

RONCHAUD (DE), inspecteur des Beaux-Arts.

SAUVAGEOT, directeur de l'*Art pour tous.*

TARDIEU, rédacteur en chef de l'*Art.*

## 12° BIBLIOTHÈQUE

### M. GÉRARD (le baron), *Président.*

MM.

BIENCOURT (le marquis DE), propriétaire.

DAGUIN, président du Tribunal de Commerce.

DALLOZ (PAUL), directeur du *Moniteur universel.*

DEFRESNE.

DELABORDE (le vicomte HENRI), secrétaire perpétuel de l'Académie des Beaux-Arts.

DEMAY (G.), archiviste aux Archives nationales.

DESTAILLEURS, architecte.

DUPLESSIS (G.), conservateur-adjoint du cabinet des Estampes à la Bibliothèque nationale.

MM.

FIRMIN-DIDOT (ALFRED), éditeur.

GONSE (LOUIS), rédacteur en chef de la *Gazette des Beaux-Arts.*

GUIFFREY (J.-J.), archiviste aux Archives nationales.

LEMOYNE (ANDRÉ), archiviste à l'École nationale des Arts décoratifs.

MONTAIGLON (DE), professeur à l'École des Chartes.

MUNTZ, bibliothécaire de l'École des Beaux-Arts.

PAILLET.

ROTHSCHILD (le baron JAMES DE).

Outre ces douze sections, une Commission spéciale a été établie pour l'organisation des expositions temporaires et le classement des collections prêtées ou léguées dont les objets, pour une cause ou pour une autre, ne pourraient être répartis suivant l'ordre régulier. Cette Commission, dont font de droit partie les présidents des douze autres sections, est en outre ainsi composée :

## COMMISSION DES EXPOSITIONS

M. LONGPÉRIER (A. DE), *Président.*

MM.

BASILEWSKI.

BONNAFFÉ (Edmond).

D'ARMAILLÉ (le com'e).

DU SOMMERARD, directeur du Musée de Cluny.

ÉPHRUSSI (CHARLES).

FAU.

FEUARDENT.

GANAY (le vicomte DE).

MM.

GAVET.

JOLY, conservateur du mobilier national.

MANNHEIM, expert.

ROTHAN, ancien ministre plénipotentiaire.

SCHLUMBERGER.

SOURDEVAL (DE).

SPITZER.

Grâce à ces divisions, le *Musée des Arts décoratifs* offrira à l'attention des travailleurs des modèles qui seront rassemblés non par ordre de matière, mais classés, au point de vue de l'art, suivant leur destination.

Telle est, en résumé, l'entreprise des fondateurs du *Musée des Arts décoratifs.* Toutefois, l'enseignement qui doit en sortir pour nos industries d'art ne peut atteindre son développement qu'à la condition d'être soutenu et répandu par tous les moyens possibles. C'est alors que l'action de l'*Union centrale des Beaux-Arts appliqués à l'industrie* pourra surtout devenir efficace en faisant profiter le *Musée des Arts décoratifs* de toutes les forces dont elle dispose. Elle pourra user de son autorité morale auprès des écoles de dessin et auprès des industriels dont elle a acquis les vives sympathies, et on s'assurera ainsi une influence sérieuse sur l'enseignement et sur la fabrication, en organisant des concours fréquents et des conférences régulières. C'est alors qu'on mettra en pratique les principes libéraux qui ont présidé en Angleterre à la création du *South Kensington Museum*, en faisant circuler dans tous nos départements les chefs-d'œuvre du *Musée des Arts décoratifs* par des expositions nombreuses et répétées.

## ACTIF DE LA SOCIÉTÉ

L'Actif de l'Association se compose :

1º Du Musée comprenant les objets acquis, légués ou donnés ;

2º Des souscriptions des donateurs ;

3º Des droits d'entrée au Musée ;

4º Du produit des expositions d'objets d'art anciens et modernes, et du produit des ventes de moulages ou copies de modèles appartenant au Musée ;

5° Des subventions qui pourront être obtenues de l'État, de la Ville de Paris, des villes et des départements ;

6° Des dons et legs dont l'acceptation sera autorisée par l'État.

---

## MODES DE SOUSCRIPTION

L'Association doit, pour la formation de son capital, fâire appel à tous les dévouements et à toutes les bourses. L'œuvre a un caractère national ; elle a pour but l'honneur et la prospérité de la France : tous doivent contribuer à son succès.

Déjà de généreux amateurs ont répondu au premier appel du Comité fondateur en souscrivant des sommes importantes. Le Comité espère que les industriels, les artistes, les ouvriers, tous les Français enfin suivront cet exemple dans la mesure de leur fortune. Si minime que soit l'obole, elle sera un témoignage de patriotisme.

Les modes de souscription sont :

1° Versement d'une somme déterminée par le donateur ;

2° Souscriptions annuelles ;

3° Souscriptions de cinq cents francs, payables par annuités, *donnant droit au titre de cofondateur*.

Les dons les plus minimes seront reçus avec reconnaissance.

On peut actuellement souscrire :

Au pavillon de Flore, quai des Tuileries, au nom de M. P. GASNAULT, secrétaire général ;

A l'École nationale des Arts décoratifs, 5, rue de l'École-de-Médecine et au siège de l'*Union centrale*, 3, place des Vosges ;

Aux bureaux du journal l'*Art*, 3, Chaussée-d'Antin ; aux bureaux du *Moniteur universel* et du *Monde illustré*, 15, quai Voltaire ; aux bureaux de la *Gazette des Beaux-Arts*, 8, rue Favart.

# SOUSCRIPTIONS RECUEILLIES

MM.

| | |
|---|---:|
| ABOT (EUGÈNE), graveur | 20 » |
| ADOLPHE, propriétaire du restaurant de l'Opéra | 20 » |
| AGACHE (ALFRED), membre de la Commission administrative du musée de Lille | 20 » |
| AGACHE (EDMOND), filateur à Lille | 20 » |
| AGACHE (ÉDOUARD), filateur à Lille | 20 » |
| AGACHE (LOUIS), filateur à Lille | 20 » |
| ANDRÉ (ALFRED), réparateur d'objets d'art | 100 » |
| ANDRÉ (EDOUARD), président de l'*Union centrale* | 25.000 » |
| *Art* (journal l'), 3, Chaussée-d'Antin | 1.000 » |
| à *reporter* | 26.220 » |

MM.

| | | |
|---|---:|---|
| | Report.... | 23.220 » |
| Assailly (B.-D.)................................ | 100 | » |
| Asse (Eugène)................................ | 10 | » |
| Aubry, éditeur................................ | 40 | » |
| Aynard (Édouard), à Lyon...................... | 200 | » |
| Baignières (par annuité pendant 10 ans)............ | 500 | » |
| Bal (Georges)................................ | 50 | » |
| Ballu, architecte, membre de l'Institut............. | 1.000 | » |
| Ballue (A.), administrateur de l'Art............... | 100 | » |
| Bapst (Germain) (par annuité pendant 5 ans)........ | 500 | » |
| Barrias (Félix), artiste peintre (par annuité pendant 5 ans). | 1.000 | » |
| Basilewski (par annuité pendant 10 ans)............ | 5.000 | » |
| Baudouin (par annuité pendant 5 ans)............. | 250 | » |
| Baudrit, à Saint-Mandé (par annuité pendant 5 ans)..... | 500 | » |
| Bé................................ | 20 | » |
| Bénilan (Th.), banquier à Paris................. | 600 | » |
| Berger (Georges), ancien directeur des sections étrangères à l'Exposition universelle de 1878.............. | 1.000 | » |
| Besnard (Ulysse), directeur du musée de Blois........ | 20 | » |
| Beurdeley père (par annuité pendant 5 ans)......... | 2.500 | » |
| Beurdeley fils (par annuité pendant 5 ans).......... | 2.500 | » |
| Baron Edmond de Beurnonville.................. | 500 | » |
| Biais (Théodore)................................ | 500 | » |
| Marquis de Biencourt (par annuité pendant 5 ans)...... | 1.000 | » |
| Mme la comtesse Léon de Biencourt (par annuité pendant 10 ans)................................ | 500 | » |
| Biollay, référendaire à la Cour des comptes.......... | 500 | » |
| Bischoffsheim (Ferdinand).................... | 1.000 | » |
| Blot et Drouard, fabricants de bronze............. | 100 | » |
| Bocher (Emmanuel) publiciste.................. | 1.000 | » |
| Bonnaffé (Edmond-Auguste) (par annuité pendant 10 ans). . | 1.000 | » |
| Bonnet (les petits-fils de C.-J.), à Lyon........... | 500 | » |
| Boucheron, joaillier, souscription annuelle........... | 1.000 | » |
| Boucheron, joaillier, versé par le journal l'Art........ | 100 | » |
| Bouilhet (Henri) manufacturier à Paris............. | 1.000 | » |
| Boulenger (Adolphe), orfèvre................... | 500 | » |
| Boulenger (H.), manufacturier à Choisy-le-Roi........ | 500 | » |
| Bourde (P.)................................ | 10 | » |
| Bourgeois frères, antiquaires à Cologne (Allemagne)..... | 100 | » |
| Bournon................................ | 20 | » |
| Bouton (Victor), peintre héraldique (par annuité pendant 5 ans)................................ | 500 | » |
| | à reporter.... | 52.440 » |

MM.

| | Report. . . . | 52.440 | » |
|---|---|---|---|
| Broquet (H.), fabricant de passementerie. . . . . . . . . . | | 20 | » |
| Brosset-Heckel, à Lyon . . . . . . . . . . . . . . . . . . . | | 100 | » |
| Brustlein (H.), à Mulhouse. . . . . . . . . . . . . . . . . | | 20 | » |
| Buquet . . . . . . . . . . . . . . . . . . . . . . . . . . . | | 500 | » |
| Buisseret (Augustin de). . . . . . . . . . . . . . . . . . | | 20 | » |
| Canonica (Joseph), sculpteur . . . . . . . . . . . . . . . | | 20 | » |
| Comte A. de Camondo. . . . . . . . . . . . . . . . . . . . | | 1.000 | » |
| Comte N. de Camondo. . . . . . . . . . . . . . . . . . . . | | 1.000 | » |
| Cavelier, statuaire, membre de l'Institut (par annuité pendant 5 ans) . . . . . . . . . . . . . . . . . . . . . . . | | 1.000 | » |
| Cercle du commerce de Lyon. . . . . . . . . . . . . . . . | | 500 | » |
| Chambre de commerce de Lyon. . . . . . . . . . . . . . | | 1.000 | |
| Chambre syndicale de la Fabrique lyonnaise. . . . . . . | | 100 | » |
| Champagne et Cᵉ, à Lyon. . . . . . . . . . . . . . . . . | | 100 | » |
| de Champeaux (Alfred) (par annuité pendant 10 ans). . . . | | 500 | » |
| Champier (Victor), publiciste. . . . . . . . . . . . . . . | | 20 | » |
| Champollion (E). artiste. . . . . . . . . . . . . . . . . . | | 20 | » |
| Charvet (J.), au Pecq (Seine-et-Oise). . . . . . . . . . . | | 500 | » |
| Chauchar (Louis), sous-chef de bureau au ministère de la guerre. . . . . . . . . . . . . . . . . . . . . . . . . | | 20 | » |
| Le duc de Chaulnes, président du comité directeur du *Musée des Arts décoratifs*. . . . . . . . . . . . . . . . . . | | 10.000 | » |
| Marquis de Chennevières-Pointel . . . . . . . . . . . . . | | 200 | » |
| Chevrel. . . . . . . . . . . . . . . . . . . . . . . . . . . | | 5 | » |
| Cristofle et Cᵉ. . . . . . . . . . . . . . . . . . . . . . . | | 1.000 | » |
| J.-W. Comyns-Carr, à Londres, (direction particulière pour l'Angleterre du journal l'*Art*. . . . . . . . . . . . . | | 20 | » |
| Cotelle, préfet des Deux-Sèvres. . . . . . . . . . . . . . | | 20 | » |
| Maurice Cottier . . . . . . . . . . . . . . . . . . . . . . | | 5.000 | » |
| Cousin (Jules), bibliothécaire de la ville de Paris à l'hôtel Carnavalet (souscription annuelle) . . . . . . . . . . | | 20 | » |
| Dalou, statuaire à Londres. . . . . . . . . . . . . . . . . | | 20 | » |
| Dalloz (Paul), directeur du *Moniteur universel*. . . . . . | | 1.000 | » |
| Mᵐᵉ Dalloz mère (par annuité pendant 5 ans). . . . . . . | | 500 | » |
| Damon (Emile), de la maison Damon, Namur et Cᵉ. . . . . | | 500 | » |
| Darcel (Alfred), administrateur de la manufacture des Gobelins. (1ᵉʳ versement). . . . . . . . . . . . . . . . . | | 250 | » |
| Dasson (Henry) (par annuité pendant 5 ans). . . . . . . . | | 500 | » |
| Decamps (Louis). . . . . . . . . . . . . . . . . . . . . . | | 50 | » |
| Deck (Théodore). . . . . . . . . . . . . . . . . . . . . . | | 50 | » |
| Decloux (L.) (par annuité pendant 5 ans) . . . . . . . . . | | 500 | » |
| | *à reporter*. . . . | 78.515 | » |

MM.

|  | *Report.* . . . | 78.515 | » |
|---|---|---|---|
| DELAMOTTE (RAOUL), banquier à Paris. . . . . . . . . . . . . | | 600 | » |
| DELATOUR (ALFRED) (par annuité pendant 5 ans). . . . . . . | | 500 | » |
| DENUELLE, artiste peintre. . . . . . . . . . . . . . . . . . | | 500 | » |
| DESGRAND ET Cᵉ, à Lyon. . . . . . . . . . . . . . . . . . | | 50 | » |
| DESTAILLEURS (par annuité pendant 5 ans). . . . . . . . . . | | 500 | » |
| DIDRON (EDOUARD) (par annuité pendant 10 ans) . . . . . . . | | 500 | » |
| DONON (ARMAND), banquier à Paris. . . . . . . . . . . . . | | 1.500 | » |
| DUBOUCHÉ (ADRIEN), directeur-fondateur du musée céramique de Limoges. . . . . . . . . . . . . . . . . . . . . . . . . | | 10.000 | » |
| DUBOULOZ (JOHN). . . . . . . . . . . . . . . . . . . . | | 20 | » |
| DUC, architecte, membre de l'Institut. . . . . . . . . . . . | | 1.000 | » |
| DUCROS (A.) . . . . . . . . . . . . . . . . . . . . . . | | 40 | » |
| DUMET . . . . . . . . . . . . . . . . . . . . . . . . . | | 100 | » |
| DUPLAN, manufacturier à Paris (par annuité pendant 2 ans). | | 1.000 | » |
| DUPONT-AUBERVILLE. . . . . . . . . . . . . . . . . . . | | 1.000 | » |
| DUPONT (LOUIS), manufacturier à Paris. . . . . . . . . . . | | 500 | » |
| DUVAL (ANTONIN), de la maison Jandin et Duval à Lyon. . . . | | 1.000 | » |
| DUVAL (FERDINAND), préfet de la Seine. . . . . . . . . . . | | 1.000 | » |
| DUVAL (JULES), tapissier. . . . . . . . . . . . . . . . . . | | 500 | » |
| LES EMPLOYÉS du *Moniteur Universel* (1ʳᵉ souscription). . . . | | 85 | 25 |
| COMPOSITEURS, IMPRIMEURS, OUVRIERS du *Moniteur universel* (2ᵉ souscription). . . . . . . . . . . . . . . . . . . . . | | 161 | 40 |
| Les employés de l'atelier de photochromie du *Moniteur universel*. . . . . . . . . . . . . . . . . . . . . . . . . | | 69 | » |
| ENGEL-DOLLFUS, manufacturier à Dornach (Alsace-Lorraine). . | | 5.000 | » |
| ENGEL père et fils, relieurs. . . . . . . . . . . . . . . . . | | 40 | » |
| EPHRUSSI (CHARLES). . . . . . . . . . . . . . . . . . . | | 1.000 | » |
| EVESQUE ET Cᵉ à Lyon . . . . . . . . . . . . . . . . . . | | 200 | » |
| FABRE (HENRI). . . . . . . . . . . . . . . . . . . . . . | | 5 | » |
| FAIVRE (F.) . . . . . . . . . . . . . . . . . . . . . . . | | 10 | » |
| FALIZE fils (par annuité pendant 5 ans) . . . . . . . . . . | | 500 | » |
| FANNIÈRE frères (par annuité pendant 5 ans . . . . . . . . | | 500 | » |
| FANIEN (ACHILLE). . . . . . . . . . . . . . . . . . . . | | 500 | » |
| FERBER (A.) à Lyon. . . . . . . . . . . . . . . . . . . . | | 20 | » |
| FONTENAY, joaillier. . . . . . . . . . . . . . . . . . . . | | 100 | » |
| FOULC (par annuité pendant 10 ans). . . . . . . . . . . . | | 500 | » |
| FOURDINOIS (par annuité pendant 5 ans). . . . . . . . . . | | 1.000 | » |
| Le comte FOY (par annuité pendant 5 ans) . . . . . . . . . | | 1.000 | » |
| FRAY (CHARLES), (par annuité pendant 5 ans). . . . . . . . | | 500 | » |
| GALLAND, artiste peintre (par annuité pendant 5 ans). . . . . | | 500 | » |
| GALLIMARD (par annuité pendant 5 ans) . . . . . . . . . . | | 500 | » |
|  | *à reporter.* . . . | 111.018 | 65 |

MM.

|  |  |
|---|---|
| *Report.* . . . | 111.018 65 |
| Vicomte DE GANAY, vice-président du comité directeur du *Musée des Arts décoratifs* (par annuité pendant 2 ans). | 1.000 » |
| GASNAULT (PAUL), secrétaire général du *Musée des Arts décoratifs* (par annuité pendant 5 ans). . . . . . . . . . . | 500 » |
| GAVET (ÉMILE) (par annuité pendant 5 ans). . . . . . . . . . | 500 » |
| E. GASSMANN, secrétaire de la rédaction du *Moniteur universel* . . . . . . . . . . . . . . . . . . . . . . . . . | 20 » |
| GAUCHEREL, chef de la direction artistique du journal l'*Art*. . | 20 » |
| GAUCHERY (HENRI) . . . . . . . . . . . . . . . . . . . . | 20 » |
| Baron GÉRARD. . . . . . . . . . . . . . . . . . . . . . | 10.000 » |
| GILLET (JOSEPH) . . . . . . . . . . . . . . . . . . . . | 250 » |
| Vᵉ GILLOT ET FILS. . . . . . . . . . . . . . . . . . . . | 100 » |
| GIRAUD (J.-B). à Lyon. . . . . . . . . . . . . . . . . . | 20 » |
| GODEFROY ET Cᵉ (maison Viollet). . . . . . . . . . . . . | 100 » |
| GOLDSCHMIDT (Léopold). . . . . . . . . . . . . . . . . | 1.000 » |
| GONSE (LOUIS), rédacteur en chef de la *Gazette des Beaux-Arts*, (par annuité pendant 10 ans). . . . . . . . . . . | 200 » |
| GRATIOT . . . . . . . . . . . . . . . . . . . . . . . . | 20 » |
| GRAUX (JULES), fabricant de bronzes. . . . . . . . . . . | 100 » |
| Comte HENRI GREFFULHE . . . . . . . . . . . . . . . . | 1.000 » |
| GUÉRIN (L.) (par annuité pendant 5 ans). . . . . . . . . | 500 » |
| GUILLAUME (EUGÈNE), membre de l'Institut. . . . . . . . . | 1.000 » |
| HENRY (J.-A), à Lyon . . . . . . . . . . . . . . . . . . | 100 » |
| HERLIN (AUGUSTE), membre de la Commission administrative du musée de Lille. . . . . . . . . . . . . . . . . . . . | 20 » |
| HOUDOY (JULES), membre de la Commission administrative du musée de Lille . . . . . . . . . . . . . . . . . . . | 20 » |
| HUISTIN. . . . . . . . . . . . . . . . . . . . . . . . | 10 » |
| HUNSINGER et WAGNER, ébénistes. . . . . . . . . . . . | 500 » |
| JANDIN et DUVAL, de Lyon . . . . . . . . . . . . . . . | 100 » |
| JOLY (L.). . . . . . . . . . . . . . . . . . . . . . . . | 20 » |
| JOUSSEMET. . . . . . . . . . . . . . . . . . . . . . . | 20 » |
| Mᵐᵉ veuve JUGLAR (par annuité pendant 5 ans). . . . . . . | 500 » |
| JULLIEN (A.). . . . . . . . . . . . . . . . . . . . . . | 20 » |
| JUMELLE (ALFRED) (par annuité pendant 10 ans) . . . . . . | 1.000 » |
| LABARTHE (JULES). . . . . . . . . . . . . . . . . . . . | 100 » |
| LACAPÈRE (LÉON), manufacturier à Paris. . . . . . . . . . | 20 » |
| LACAPÈRE. . . . . . . . . . . . . . . . . . . . . . . . | 20 » |
| LAFENESTRE (GEORGES), chef de bureau à la direction des Beaux-Arts. . . . . . . . . . . . . . . . . . . . . . . | 1.000 » |
| LALUN. . . . . . . . . . . . . . . . . . . . . . . . . | 20 » |
| *à reporter.* . . . | 130.838 65 |

MM.

|  | *Report.* . . . | 130.838 | 05 |
|---|---|---|---|
| LAMY (ERNEST) (par annuité pendant 5 ans) . . . . . . . . . . | | 500 | » |
| LANDELLE (CH.), artiste peintre (par annuité pendant 5 ans) . . | | 500 | » |
| LANGFELDT . . . . . . . . . . . . . . . . . . . . . . . . . | | 5 | » |
| LANOYS . . . . . . . . . . . . . . . . . . . . . . . . . . . | | 5 | » |
| LATOUR (ALEXANDRE DE) . . . . . . . . . . . . . . . . . . . | | 20 | » |
| LEBERTRE (SIMON) . . . . . . . . . . . . . . . . . . . . . . | | 2.000 | » |
| LE BRETON (GUSTAVE), conservateur du musée céramique de Rouen (par annuité pendant 10 ans) . . . . . . . . . . . | | 500 | » |
| LEFÈVRE (ADOLPHE) . . . . . . . . . . . . . . . . . . . . . | | 20 | » |
| LEGENDRE . . . . . . . . . . . . . . . . . . . . . . . . . . | | 20 | » |
| LEGRIEL (CONSTANT), président de la Chambre syndicale des tapissiers . . . . . . . . . . . . . . . . . . . . . . . | | 500 | » |
| DE LÉRIS . . . . . . . . . . . . . . . . . . . . . . . . . . | | 10 | » |
| PAUL LEROI, rédacteur au journal l'*Art* . . . . . . . . . . | | 100 | » |
| LETOURNEUR (JACQUES), directeur du *Crédit Lyonnais*, à Lyon | | 100 | » |
| LHOMME . . . . . . . . . . . . . . . . . . . . . . . . . . . | | 100 | » |
| LIÈVRE (EDOUARD), publiciste (1er versement) . . . . . . . . | | 500 | » |
| LIPS . . . . . . . . . . . . . . . . . . . . . . . . . . . . | | 20 | » |
| LORAIN (PAUL), architecte (par annuité pendant 5 ans) . . . . | | 500 | » |
| LORIN, peintre-verrier, à Chartres (par annuité pendant 5 ans) | | 500 | » |
| LOUVARD DE PONTLEVOY (par annuité pendant 10 ans) . . . . . | | 1.000 | » |
| LOUVRIER DE LAJOLAIS, directeur de l'*École nationale des Arts décoratifs* . . . . . . . . . . . . . . . . . . . . . | | 1.000 | » |
| LURAT (ABEL), artiste . . . . . . . . . . . . . . . . . . . . | | 20 | » |
| Mme la duchesse de LUYNES . . . . . . . . . . . . . . . . . | | 500 | » |
| MACIET . . . . . . . . . . . . . . . . . . . . . . . . . . . | | 500 | » |
| Comte DE MADRE . . . . . . . . . . . . . . . . . . . . . . . | | 20 | » |
| MAINCENT aîné (par annuité pendant 5 ans) . . . . . . . . . . | | 500 | » |
| MAME (ALFRED), imprimeur-éditeur, à Tours . . . . . . . . . | | 1.000 | » |
| MANCINO (LÉON), rédacteur au journal l'*Art* . . . . . . . . | | 40 | » |
| MANNHEIM (CHARLES), expert en objets d'art . . . . . . . . . | | 1.300 | » |
| MANTZ (PAUL), (par annuité pendant 5 ans) . . . . . . . . . | | 500 | » |
| MARCHAND . . . . . . . . . . . . . . . . . . . . . . . . . . | | 5 | » |
| MARCILLE (EUDOXE), directeur du musée d'Orléans (par annuité pendant 5 ans) . . . . . . . . . . . . . . . . . . . . . | | 500 | » |
| MARRET frères (par annuité pendant 5 ans) . . . . . . . . . . | | 500 | » |
| MARTIN (ARTHUR), (par annuité pendant 5 ans) . . . . . . . . | | 500 | » |
| MATHEVON et BOUVARD, à Lyon . . . . . . . . . . . . . . . | | 100 | » |
| MAY (ERNEST), directeur de la Banque Franco-Égyptienne . . | | 20 | » |
| MÉAULLE . . . . . . . . . . . . . . . . . . . . . . . . . . | | 20 | » |
| MERCIER (JULES), employé au Ministère des Travaux publics . . | | 10 | » |
| | *à reporter.* . . . . | 144.773 | 05 |

MM.

| | | |
|---|---:|---|
| *Report.* . . . | 144,773 | 65 |
| MESTRE (Mlle JULIE), à Lyon (par annuité pendant 10 ans) . . . | 500 | » |
| MEYER (par annuité pendant 5 ans). . . . . . . . . . . . . . . | 250 | » |
| MICHAUX (GEORGES). . . . . . . . . . . . . . . . . . . . . | 100 | » |
| MICHELIN (Mme). . . . . . . . . . . . . . . . . . . . . | 20 | » |
| MARIUS MICHEL et fils, relieurs. . . . . . . . . . . . . . | 20 | » |
| Comte de MONTGENET, au château de Simféropol (Crimée) (par | | |
| annuité pendant 5 ans). . . . . . . . . . . . . . . . . | 500 | ». |
| Comte LOUIS DE MONTGERMONT. . . . . . . . . . . . . . | 1.000 | » |
| MONTROSIER (EUGÈNE). . . . . . . . . . . . . . . . . . | 20 | » |
| MOREL. . . . . . . . . . . . . . . . . . . . . . . . . . | 10 | » |
| MOUILLOT, imprimeur-administrateur du *Moniteur universel.* | 20 | » |
| MUSSINI, directeur de l'Institut royal de Sienne (Italie). . . . | 20 | » |
| Comtesse DE NADAILHAC. . . . . . . . . . . . . . . . . | 100 | » |
| ODIOT (ERNEST), (par annuité pendant 2 ans). . . . . . . . . | 1.000 | » |
| ODIOT (GUSTAVE), fabricant d'orfévrerie. . . . . . . . . . . | 500 | » |
| OGIER (AINÉ), à Lyon (par annuité pendant 2 ans). . . . . . . | 100 | » |
| Sir PHILIPPE CUNLIFFE OWEN C. B., directeur du *South Ken-* | | |
| *singlon Museum* (Londres). . . . . . . . . . . . . . . . | 100 | » |
| PAILLARD (VICTOR) (par annuité pendant 5 ans). . . . . . . . | 500 | » |
| PALMER-HARDING (GUSTAVE), banquier à Paris. . . . . . . . . | 1.000 | » |
| PARFONRY (par annuité pendant 5 ans). . . . . . . . . . . . | 500 | » |
| PELLÉ, propriétaire du restaurant de l'Opéra. . . . . . . . . | 20 | » |
| PERRIER (HENRI). . . . . . . . . . . . . . . . . . . . . | 40 | » |
| PEY. . . . . . . . . . . . . . . . . . . . . . . . . . . | 10 | » |
| PHILIPPE (ÉMILE), orfèvre-bijoutier. . . . . . . . . . . . . | 500 | » |
| PIAT (ADOLPHE). . . . . . . . . . . . . . . . . . . . . | 20 | » |
| PICARD (ARTHUR), chef de bureau au Ministère des Finances. | 100 | » |
| PIGACHE. . . . . . . . . . . . . . . . . . . . . . . . . | 100 | » |
| PILLET (CHARLES), commissaire-priseur. . . . . . . . . . . | 800 | » |
| PINÉDO, statuaire et fabricant de bronzes. . . . . . . . . . | 20 | » |
| PLUCHART, membre de la Commission du musée de Lille. . . . | 20 | » |
| PORTE (A. DE LA), député . . . . . . . . . . . . . . . . | 50 | » |
| POUSSIELGUE-RUSAND, fabricant d'orfévrerie. . . . . . . . . | 1.000 | » |
| POYARD (CHARLES), céramiste . . . . . . . . . . . . . . . | 20 | » |
| PRAVAS ET BOUFFIER, à Lyon . . . . . . . . . . . . . . | 100 | » |
| PROUST (ANTONIN), député, membre de la Commisson supé- | | |
| rieure des Beaux-Arts. . . . . . . . . . . . . . . . . . | 100 | » |
| QUANTIN (ALBERT), imprimeur-éditeur (par annuité pendant | | |
| 5 ans) . . . . . . . . . . . . . . . . . . . . . . . . | 500 | » |
| RAYMOND (JULES). . . . . . . . . . . . . . . . . . . . | 40 | » |
| RÉ (FÉLIX). . . . . . . . . . . . . . . . . . . . . . . | 20 | » |
| *à reporter.* . . . | 154.493 | 65 |

MM.

|  | Report. . . . | 154,493 65 |
|---|---|---|
| REY (EDOUARD). . . . . . . . . . . . . . . . . . . . | 20 | » |
| REYNART (EDOUARD), directeur du musée de Lille. . . . . . . | 500 | » |
| RODANET, constructeur de chronomètres pour la marine de l'Etat. | 20 | » |
| Baron ADOLPHE DE ROTHSCHILD. . . . . . . . . . . . . . . | 10.000 | » |
| Plus une rente de 750 fr. pendant 10 ans. . . . . . . . | 7.500 | » |
| Duc DE SABRAN . . . . . . . . . . . . . . . . . . . | 1.000 | » |
| SALMON, imprimeur en taille-douce . . . . . . . . . . . . | 100 | » |
| SANDOZ (GUSTAVE), horloger de la Marine de l'Etat. . . . . . | 20 | » |
| SAUVAIGE, membre de la Commission du musée de Lille. . . . | 20 | » |
| J. DE SAUX, ministre plénipotentiaire. . . . . . . . . . . . | 1.000 | » |
| SEDILLE (PAUL), architecte (par annuité pendant 5 ans). . . . | 1.000 | » |
| SENÉ, sculpteur-ébéniste (souscription annuelle). . . . . . . . | 50 | » |
| Ouvriers de M. SENÉ, ébéniste. . . . . . . . . . . . . | 9 | » |
| SENSIER (TH). . . . . . . . . . . . . . . . . . . . | 500 | » |
| SOLDI (EMILE). . . . . . . . . . . . . . . . . . . . | 20 | » |
| SMEETON et TILLY, graveurs. . . . . . . . . . . . . . | 20 | » |
| Société des Amis des Arts de Lyon . . . . . . . . . . . . | 200 | » |
| SOMMIER . . . . . . . . . . . . . . . . . . . . . . | 1.000 | » |
| DE SOURDEVAL. . . . . . . . . . . . . . . . . . . . | 1.000 | » |
| SOURDOIS (JULES), à Creil. . . . . . . . . . . . . . . | 100 | » |
| STETTINER . . . . . . . . . . . . . . . . . . . . . | 250 | » |
| STEIN (CHARLES) . . . . . . . . . . . . . . . . . . . | 500 | » |
| STRAUSS. . . . . . . . . . . . . . . . . . . . . . . | 5 | » |
| TAIGNY (EDMOND), maître des requêtes au Conseil d'Etat (par annuité pendant 5 ans) . . . . . . . . . . . . . . . | 500 | » |
| TARDIEU (CHARLES), rédacteur en chef du journal l'Art (par annuité pendant 5 ans). . . . . . . . . . . . . . . | 500 | » |
| TASSINARI et CHATEL, à Lyon. . . . . . . . . . . . . . | 100 | » |
| TESSE (PAUL) . . . . . . . . . . . . . . . . . . . . | 40 | » |
| TESSON . . . . . . . . . . . . . . . . . . . . . . . | 10 | » |
| TIMBAL (CHARLES), artiste peintre et publiciste (par annuité pendant 5 ans). . . . . . . . . . . . . . . . . . | 500 | » |
| TOLMER, imprimeur. . . . . . . . . . . . . . . . . . | 20 | » |
| TOUSSAINT (HENRI), artiste. . . . . . . . . . . . . . . | 20 | » |
| TRAPADOUX (A.), à Lyon . . . . . . . . . . . . . . . | 100 | » |
| TRIBERT (LOUIS), sénateur . . . . . . . . . . . . . . . | 50 | » |
| TRONQUOIS, architecte. . . . . . . . . . . . . . . . . | 500 | » |
| FOUQUES DE VAGNONVILLE. . . . . . . . . . . . . . . | 25 | » |
| VAUTHIER (ÉMILE), à Lyon. . . . . . . . . . . . . . . | 100 | » |
| VERDIER (JOSEPH), artiste peintre, à Cours-Cheverny (Loir-et Cher). . . . . . . . . . . . . . . . . . . . . . . | 20 | » |
|  | à reporter. . . . | 181,812 05 |

MM.

*Report.* . . . 181.812 65

VERNET (EDMOND), consul de Suisse à Lyon. . . . . . . . . . .   100 »

VÉRON (EUGÈNE), directeur du journal l'*Art*. . . . . . . . . .   100 »

VIDAL (LÉON), (par annuité pendant 10 ans). . . . . . . . . .   500 »

GABRIEL DE SAINT-VINCENT, capitaine à Blois. . . . . . . . .    20 »

Sir RICHARD WALLACE (baronnet) . . . . . . . . . . . . . . 10.000 »

WARÉE et Fils (L.-J.), (par annuité pendant 5 ans). . . . . .   500 »

WEMSILL (J.-B.). . . . . . . . . . . . . . . . . . . . . . .    50 »

YVES et BARRET, photograveurs. . . . . . . . . . . . . . .    40 »

Produit d'un Bal organisé par la Chambre syndicale de la
Céramique au profit du *Musée des Arts décoratifs*, re-
cueilli par M. le duc DE CHAULNES. . . . . . . . . . . . .   988 »

194.110 65

## RENTES ANNUELLES CONSTITUÉES AU MUSÉE DES ARTS DÉCORATIFS

Par :

1o M. BOUCHERON, de la somme de . . . . . . . . .   1.000 »

2o M. SENÉ, de la somme de . . . . . . . . . . . . .     50 »

3o M. COUSIN, de la somme de. . . . . . . . . . . . .     20 »

Total des Rentes annuelles. . . . . . 1.070 »

# NOTICE DESCRIPTIVE

—

## *SALLE* **A**

### MEUBLES

—

En entrant dans cette salle et en suivant le côté droit, on trouve successivement :

M. HAFFNER (Pierre). — Coffre-fort en acier poli orné de colonnettes cannelées. *(Don au Musée.)*

M. GUÉRET. — Grand chronomètre de style Louis XIV à gaine, et à deux corps, en bois de palissandre incrusté de filets de cuivre, et richement décoré de bronzes dorés et ciselés. Le mouvement en fer est ancien et entièrement fait à la main.

M. SAUVREZY. — Petit bureau de dame en bois de noyer avec ferrures appliquées en cuivre, à cylindre et étagère supérieure.

M. MEYNARD fils. — Crédence de style Henri III en ébène, ornée de deux statuettes en bronze (*l'Abondance et la Paix*); sur la porte, une plaque en émail limousin représentant un guerrier.

M. SAUVREZY. — Petit meuble à trois étages en poirier, décoré de médaillons, frises et mascarons en buis sculpté.
Sur ce meuble est posée une petite horloge en bois d'ébène composée de motifs d'architecture et surmontée d'une figure en bronze argenté. — (Provient également de la fabrique de M. SAUVREZY.

MM. JOURNET et C$^{ie}$. — Buste polychrome de Minerve. La draperie est en marbre bleu turquin, les chairs en bronze de médaille,

3

le casque en bronze platiné et doré en ors de couleurs. La bordure
de la cuirassse est décorée d'un galon en émail de couleur. — Le
piédouche est en marbre rouge antique avec des incrustations en
marbre vert des Alpes. — La gaine en chêne est décorée de plaques de marbre et d'onyx.

M. Legrain. — Modèle de cheminée monumentale à deux corps,
de style Renaissance, supportée par des consoles ornées de mufles
de lions et de guirlandes. La partie supérieure est composée de
deux pilastres et d'un entablement à corniche, moulures et
coquilles richement dorées encadrant un panneau polychrome en
faïence; sur un fond de carreaux losangés bleus à palmettes
blanches et filets d'or se détache un médaillon circulaire renfermant un buste de femme en relief. De chaque côté un grand
flambeau émaillé en vert à flamme dorée.      (Don au Musée.)
Dans cette cheminée, deux grands landiers en fer forgé et poli
avec pelle et pincettes assorties, à M. Morisot.

M. Servant. — Buste en bronze représentant Sémiramis.

MM. Hunsinger et Wagner. — Meuble bureau de dame, style
Henri IV, en marqueterie de bois naturel, fleurs dessinées
d'après Martin Will et Théodore de Bry.

M. Guéret. — Bureau de style Louis XIV en bois de buis à
deux corps, à six pieds, et trois tiroirs dans la ceinture; le corps
du haut se compose de trois portes dont deux à glaces bizeautées
et cintrées; celle du milieu est un panneau plein sculpté représentant l'Étude se confiant à la Sagesse. — Au-dessous un
cylindre mécanique formant bureau. Le fronton porte un enfant
et une corne d'abondance.

A côté de ce meuble est accroché au mur un cadre contenant
des spécimens des différents états d'une gravure sur bois et des
outils employés pour ce travail.      (Don de M. Trichon).

M. Baudrit. — Panneau de style Renaissance en fer forgé et
tôle repoussée, encadré dans une porte, et devant servir d'entrée
au vestibule intérieur d'un palais. La porte est maintenue par
deux arcs-boutants en fer, ajourés et flanqués de deux grandes
consoles en fer forgé, garnis de feuilles en tôle repoussée. Ces
arcs-boutants sont surmontés d'un couronnement à enroulements
et crosses en fer forgé, supportant un lustre grec en acier à douze
lumières, verni noir et or. Près des crosses sont deux lustres et
une lampe veilleuse en fer poli ou forgé. — Sur la tablette de la
console, qui est en fer forgé et tôles relevées et repoussées au
marteau, on voit des équerres, des fleurons, diverses feuilles, etc.
— La naissance de rampe à chimère en fer poli a été exécutée
pour la cour d'honneur de l'ancien Hôtel de Ville de Paris. — En
avant est le panneau de la table de communion de l'église de
Saint-Denis du Saint-Sacrement; il est en fer forgé, poli, avec
tôle d'acier relevée au marteau. Sur le mur on voit : la maquette
du chiffre offert par M. Baudrit à feu Victor Baltard, architecte

de la ville de Paris; une grande rosace en tôle repoussée et polie, un bouquet de fleurs en tôle relevée au marteau, divers cadres renfermant des dessins et gravures de travaux exécutés, et des bandes de métal portant quantité de rosaces, culots, fleurons et fleurs variées. — Enfin au plafond de la salle est suspendue une lanterne de vestibule en fer forgé et poli, style Louis XVI.

## Au centre de la salle

MM. JOURNET et Cie. — Grande coupe, style Louis XIV, en marbre et bronze doré; le pied, en marbre rouge antique avec ornements de bronzes dorés, est formé par un groupe de trois enfants en marbre blanc supportant la vasque en onyx et bronzé doré avec incrustations de marbre sarancolin.

M. SAUVREZY. — Petite table en bois de violette ornée de cuivre ciselé, style Louis XVI.

M. LEROLLE. — Deux fragments d'une balustrade en cuivre de style Louis XIV. Au centre de l'un d'eux, un médaillon ovale soutenu par deux lions et surmonté de la couronne royale, contenant deux L entrelacés.

M. PARFONRY. — Grand vase en marbre cipolin antique provenant des fouilles faites à Rome en 1868, sur l'emplacement de l'Emporium et exécuté sur les dessins de M. Sédille, architecte. — Les anses sont formées par des serpents enroulés. Sur chaque face, une tête de Méduse.

M. BING. — Deux grands vases en bronze du Japon à ouverture élargie en plateau. Le corps est orné de motifs en haut relief représentant des scènes guerrières et des oiseaux de proie et pourvu de deux anses formées par les branchages d'un arbre en fleurs; le socle représente des rochers couverts de végétations et battus par les flots.

M. LANDRY. — Deux grands vases en faïence à col évasé et décor en relief de pavots émaillés en couleurs sur fond brun.

M. LŒBNITZ. — Grand vase ovoïde en faïence, décor de style persan exécuté sur les dessins de M. Sédille.

## Côté gauche de la salle

M. GODIN. — Petite crédence de style Renaissance en bois de noyer. Les vantaux de la porte, formés de panneaux sculptés à jour, portent au milieu un médaillon orné d'une tête en relief se détachant sur un fond d'or.

M. Godin. (En collaboration avec M. Marbeau, architecte et M. Germain, contre-maître sculpteur.) — Porte dont les vantaux sont formés par des glaces; encadrements en bois d'ébène et de palissandre; ornements des frises et pilastres en bois de poirier incrusté, sculpté et poli à deux tons; le fond est en noyer.

M. Peyrol. — Taureau en bronze, modèle de M. Isidore Bonheur.

M. Debæcker.—Grande cheminée à ouverture cintrée et à deux corps, en faïence émaillée en vert ombrant; décoration architecturale, style Henri II, de pilastres et arcatures encadrant des statuettes; le pavage est à sujets polychromes, émaux de grand feu, sur cru.
Les deux grands chenets de style Renaissance, placés sur le soubassement, sont de M. P. Chachoin fils.

M. Bing. — Deux torchères japonaises de Tokio composées de statues en bois sculpté peint et doré, placées sur une base hexagone élevé sur six pieds en console.

M. Montel (de Clermont-Ferrand).—Crédence de style Louis XII en bois de noyer sculpté, ornée de médaillons renfermant des têtes en haut relief.

MM. Hunsinger et Wagner. — Petite table, style Louis XIII, en ébène marquetée d'ivoire gravé; au pourtour une frise représentant des chasses, sur la tablette un médaillon rectangulaire : *Diane au repos.*

M. Allard. — Meuble à deux corps, de style Renaissance, en bois d'ébène sculpté avec panneaux incrustés de bas-reliefs en buis représentant Apollon et les Muses et de femmes jouant des instruments. — L'entablement est soutenu par des cariatides, et le couronnement formé par un portique sous lequel est une statuette assise, en buis, représentant Apollon; de chaque côté des figures de femmes tenant les attributs de la sculpture et de la peinture. — Le dessin est de M. Dhaillecourt, les sculptures de M. Trufot, celle des ornements, de M. Ligeret.

M. Denière. — Modèle de rampe, style Louis XVI, en fer forgé et bronze doré mat, orné de lyres et de guirlandes.
Sur la muraille, paroi de droite, de chaque côté de la grande cheminée, deux panneaux, imitation de tapisseries anciennes. L'un est de M. Tresca; l'autre de M. Walmez.

M. Cantini. — Coupe ovale à anses en marbre vert antique provenant d'un monument byzantin, sur un fût de colonne de même matière. — Coupe ovale à anses en marbre rouge antique français sur un fût de colonne en marbre jaune antique de Numidie provenant des carrières del Monte, tout récemment retrouvées à Rome.

**Pour les peintures décoratives, voir à la fin de la Notice le Catalogue spécial.**

# *SALLE* **B**

## MEUBLES

---

### *Côté du levant :*

M. Fourdinois. — Meuble cabinet de style Renaissance, en bois de noyer poli, avec incrustations de pierres dures. Le corps du bas est divisé en trois parties: au milieu un panneau avec figures en bas-relief, de chaque côté des Chimères ailées en ronde-bosse supportant la ceinture. Le corps du haut a, au milieu, deux portes avec figures en bas-relief, sur les côtés deux niches avec statuettes en ronde-bosse, quatre colonnes supportent la corniche; le fronton forme cartouche avec statuettes assises sur des volutes. Derrière les niches, à l'intérieur, il y a six tiroirs de chaque côté, avec incrustations d'ivoire gravé et motifs d'argent. Les modèles des figures sont de M. Parts; les sculptures de MM. Hilaire et Maigret.

M. Dénière. — Grande cheminée de style Louis XIV, en marbre rouge du Languedoc et applications de bronze doré. Le couronnement, orné d'acanthes et d'un mascaron en bronze, se termine par un socle supportant un buste d'empereur romain en marbre blanc; de chaque côté une figure d'Amour en bronze florentin portant des branches de laurier dorées. Les chenets placés dans l'intérieur représentent des chevaux cabrés en bronze sur des bases dorées. — Sculpture de M. Ducro.

M. Beurdeley fils. — Meuble d'entre-deux à hauteur d'appui à trois portes, à partie antérieure arrondie et côtés en retrait; bois d'amarante et panneaux en marqueterie; guirlandes et têtes de bélier en bronze doré (style Delafosse. — XVIIIᵉ siècle). — Dessus en marbre vert de mer.

La fenêtre de ce côté est occupée par des vitraux décoratifs de M. P. Bitterlin.

### *Côté du midi :*

M. Pecquereau fils. — Armoire à glace de style Louis XVI à trois portes en bois de noyer ciré; l'intérieur est en bois de citronnier, la moulure en bois d'amarante.

## Côté du couchant :

M. FOURDINOIS. — Cabinet en bois de satiné, orné de bronzes argentés et dorés. Les ornements de la frise, des pilastres, des panneaux sont en argent ciselé incrusté; aux angles, quatre colonnettes en bronze et lapis-lazuli supportant des statuettes d'ivoire; sur les portes de face sont des émaux, sur celles des côtés des poignées en bronze. L'intérieur est divisé en petits tiroirs avec incrustations d'ivoire et motifs d'argent. Le coffre, porté par quatre griffes, repose sur un tapis de velours bleu brodé. La partie inférieure forme bureau. Les modèles de ce meuble sont de M. Chéret; l'ébénisterie est de M. Achard.

M. FOURDINOIS. — Porte à deux vantaux, en bois de couleur, chêne, poirier, acajou, ébène. Les panneaux sont ornés de médaillons en buis et branches d'olivier et de laurier en bois vert. La figure couchée qui forme le fronton représente *l'Etude.* — Les modèles de cette porte sont de M. Chéret; les sculptures de MM. Quillard et Primo.

M. P. SORMANI. — Crédence de style Louis XIII, en ébène et marqueterie de bois.

## Au centre de la salle :

MAISON ERARD. — Un piano à queue de style Louis XVI, en bois d'Amboise, avec frise d'érable gris, orné de bronzes ciselés et dorés. Les peintures sont de M. Gonzalès. — Harpe.

## Aux quatre angles de l'estrade du piano :

M. DASSON. — Deux vases en porphyre oriental, taillés et ciselés d'après ses modèles. Ils sont de style Louis XVI, à guirlandes de fleurs; les cuivres sont dorés au feu. Ces deux vases sont placés sur deux fûts de colonnes en marbre cipolin, avec bases en bronzes dorés au feu.

M. DENIÈRE. — Deux torchères, composées de groupes d'enfants en marbre blanc, d'après Bouchardon, et de bouquets, style Louis XVI, en bronze doré mat.

## Au devant du piano, sur une estrade :

M. BEURDELEY fils. — Table rectangulaire en buis sculpté, de style Louis XVI. Frise ajourée de rinceaux à feuilles d'acanthe interrompue par deux enfants soutenant une lyre; au-dessous des guirlandes de fleurs. — A la base un Amour sur une écaille de tortue formant le centre de deux lyres dont les branches relient les pieds de la table; dessus en marbre vert antique. Sur cette table, une coupe ovale oblongue en porphyre oriental, à chaque extrémité de laquelle est une figure de Sirène en bronze doré portant une branche à trois lumières. La composition et les dessins de ces deux pièces sont de MM. Beurdeley fils et Bessé; les modèles de MM. Rougelet et Bachot.

M. Quignon. — Table de style Louis XVI en bois sculpté et doré. Dessus en marbre.

M. Sauvrezy. — Petite table à échecs en bois de poirier.

M. Blanqui (de Marseille). — Deux fauteuils de style Louis XIV L'un en bois doré recouvert en velours de Gênes à parterres, l'autre en bois noir recouvert d'une étoffe de soie rayée.

### Côté du nord :

MM. Hunsinger et Wagner. — Commode bureau en ébène marquetée d'ivoire.

M. Raulin. — Paravent à six feuilles en imitation de laque de Coromandel.

### VITRINE I

Cette vitrine, consacrée à la céramique, est divisée en six compartiments dont le premier à droite renferme une suite de grès artistiques fabriqués par MM. Doulton et Cie, à Lambeth (Angleterre).

A côté de quelques spécimens reproduisant des modèles allemands et italiens du XVIe siècle, on remarque plusieurs pièces d'une composition et d'une décoration très particulières et bien caractéristiques de l'art anglais.

Nous signalerons particulièrement un grand vase dont le pourtour est orné d'une frise circulaire de petits sujets tirés de l'Ancien Testament et modelés en haut relief par Tinworth.

Nous citerons ensuite des grès ornés de gravures au trait, un vase de forme élégante à décor *chagriné* formé par des perles d'émail en relief, des cruches à rinceaux polychromes dont le décor est serti par un trait en relief renfermant des émaux de diverses couleurs sur fond uni; parmi ces dernières on remarquera, comme des pièces exceptionnelles, les deux vases à fond rose prêtés par M. Paul Dalloz.

Les trois divisions suivantes sont occupées par des poteries à émail transparent décorées par le procédé dit de *barbotine*; ce genre de décoration dû à M. Laurin (de Bourg-la-Reine), et relativement nouveau, au moins dans l'application, n'est en réalité que l'ancien procédé par *engobage* pratiqué par les potiers dès le XIVe siècle, et qui consiste à recouvrir la poterie de couleurs composées d'oxydes métalliques mélangés avec la terre délayée (barbotine).

Ce genre de décoration est surtout représenté par MM. HAVI-LAND et Cie de Limoges, dont les ateliers établis à Auteuil sont dirigés par M. Braquemond.

Une des plus heureuses applications imaginées par cet artiste est le mélange de décoration peinte et de figures en haut relief conservant le ton naturel de la terre sous un vernis transparent ou à l'état de biscuit. Des branches et feuillages en relief complètent cette décoration.

Parmi les autres pièces, citons un vase rectangulaire de forme aplatie et dont le feu gros bleu est relevé par un décor de style japonais représentant un coq et des végétations en or de différents tons et en argent. Ce vase fait partie des pièces acquises par le Musée de Limoges.

Dans le compartiment du milieu est exposé un plat à décor de poissons de style japonais peint par Mme MOREAU-NÉLATON, dont on trouvera un peu plus loin deux vases de formes italiennes du seizième siècle, dont l'un, décoré de feuilles de chêne, est particulièrement remarquable.

MM. HOURY à Paris, et SCHOPIN à Montigny, près Fontaine-bleau, ont exposé plusieurs pièces intéressantes. Nous citerons de ce dernier une corbeille à fond jaune appartenant à M. Thierry.

Le compartiment du milieu montre encore un beau plat (Musée de Limoges) en terre blanche décoré par Mme Escallier et exposé par la maison BOULENGER.

M. BOUVIER expose des vases et des plats décorés de motifs empruntés à l'art oriental, par le véritable procédé d'engobage de différents tons et où la gravure au trait laisse transparaître la coloration de la terre elle-même, ou celle d'un dessous plus foncé.

Avant de quitter la salle **B**, le visiteur remarquera, sur la table de bois doré exposée par M. Quignon, un vase jardinière à anses de serpents, faisant partie du don de porcelaine de Sèvres fait au Musée par le ministre de l'Instruction publique, et décoré au moyen d'un procédé analogue, pour la porcelaine, à celui de la barbotine et qui a reçu le nom de décoration en *pâtes sur pâtes*, *pâtes colorées*, ou *pâtes d'application*. Ce vase est dû à M. Gély, qui a le premier employé ce mode de décoration imaginé par M. Robert, administrateur de la manufacture de Sèvres.

Sur le meuble d'appui de M. Beurdeley est placé un vase décoré de poissons exposé par MM. HACHE et PÉPIN-LEHALLEUR (de Vierzon) et exécuté par le même procédé d'après la composition de M. Lacoste.

Dans le passage qui conduit de cette salle dans la salle **C** sont exposés deux grands panneaux en carreaux de verre émaillé de M. OUDINOT.

# *SALLE* C

## CÉRAMIQUE[1]

———

Cette salle est consacrée exclusivement à la céramique, comprenant les faïences, porcelaines, verreries et émaux. Les pièces de même nature et de même provenance y ont été, autant que possible, groupées ensemble par vitrine.

Seule, la faïence à émail stannifère, ou émail opaque, a dû être placée au milieu de la vitrine n° 5, consacrée à la porcelaine; elle y est représentée par les belles pièces à reflets métalliques de M. ULYSSE BESNARD (de Blois). Nous citerons surtout la grande vasque à décor de Chimères, un plat à marli ajouré et le grand vase à arabesques de style italien.

En haut de ce compartiment est accroché un grand plat aux armes de France et de Navarre, de M. MONTAGNON (de Nevers), copié sur un des plats rouennais attribués à Claude Révérend.

Dans le compartiment de droite, sur la tablette

---

1. Le nombre considérable des pièces exposées n'a pas permis de donner une description détaillée de chacune. Il a paru plus naturel de résumer, suivant un ordre méthodique, les divers procédés de fabrication employés par chaque exposant dont les pièces sont éparses dans cette salle.

la plus élevée, on voit les faïences de fantaisie envoyées par M. GALLÉ (de Nancy).

Enfin, une dernière pièce de faïence stannifère a dû également être distraite de son groupe et exposée dans la vitrine suivante, n° 6, consacrée aux faïences fines. — C'est une aiguière, dans le style italien du XVIᵉ siècle, accompagnée de son plateau, et le fond en émail bleu pâle est rehaussé de blanc fixe et décoré d'arabesques en bleu foncé. Cette pièce est exposée par M. TORTAT (de Blois).

M. TH. DECK occupe tout le milieu de la vitrine n° 6. Nous signalerons comme les pièces les plus remarquables : la grande coupe portée par une Chimère et ornée par incrustation d'arabesques noires sur un fond gris verdâtre; une autre coupe décorée au pourtour d'une frise fond jaune d'ocre, sur lequel se détache une ronde d'enfants en camaïeu bleu. — Le fond de la vitrine est garni de plusieurs plats de M. Deck, parmi lesquels un remarquable portrait de femme en costume de la Renaissance, à collerette godronnée, dû à M. R. Collin, et d'autres signés de M. Anker, *Le bon roi Dagobert* notamment.

La partie gauche de la vitrine est consacrée aux faïences fines exposées par M. BOULENGER, directeur de la fabrique de Choisy-le-Roi. Nous appellerons l'attention des visiteurs sur les imitations de faïences d'Oiron (dites d'Henri II), et surtout sur les petites pièces exposées ici pour la première fois et recouvertes de la belle couleur rouge connue sous le nom de *flambé* ou *flammé*, restée jusqu'à présent le secret des potiers chinois. — Nous signalerons ensuite les décors *sous couverte* et les beaux bleus au grand feu rehaussés d'ornements et de sujets en or ou en platine. — Une aiguière de style oriental est ornée d'émaux en relief sertis de traits noirs imitant l'émail cloisonné.

Une partie de l'extrémité droite de la même vitrine est occupée par les produits de la fabrique de MM. VIEILLARD et Cie (de Bordeaux), fondée en 1845. Nous mentionnons ses émaux *aventurine*, réservés jusqu'à présent aux verreries de Venise. Quelques petits vases ainsi recouverts sont exposés dans cette vitrine; mais la pièce la plus remarquable dans ce genre est un grand Ibis monté sur un socle en bois placé dans la salle **B**, à côté de la cheminée de M. Denière. — MM. Vieillard ont également envoyé des plats à personnages, des faïences décorées d'émaux en relief et des assiettes ornées par impression de bordures et motifs empruntés aux anciennes faïences de Rouen, Moustiers et Strasbourg.

Cette même division de la vitrine n° 6 renferme, dans sa partie supérieure, des faïences fines d'un ton jaune ivoire, parmi lesquelles on remarquera celle de MM. HAVILAND et Cie, dont les formes sont dues à M. Bracquemond; la plupart sont décorées sobrement d'une branche de fleurs peinte sous couverte, ou simplement rehaussées de filets et légers ornements d'or.

Sur la tablette du milieu, une série de pièces à
fonds unis, appartenant au musée de Limoges, est
due à MM. MASSIER et O. MILET (de Sèvres), dont
nous signalerons en outre une petite bouteille de
forme aplatie et un plat décorés au trait sur
engobe, par M. Eugène Froment.

Enfin un brûle-parfums imité de Satzuma, et
exposé par la manufacture de GIEN, complète
l'exposition des faïences fines.

La porcelaine dure est représentée par les
produits des principales manufactures de France.
En revenant à la vitrine n° 5, nous trouvons les
porcelaines fabriquées par MM. PILLIVUYT et Cⁱᵉ,
dans leurs usines de Mehun et Noirlac (Cher) et de
Nevers. Signalons une aiguière avec plateau,
décorée dans le style des pièces d'orfèvrerie du
XVIᵉ siècle; deux petits vases indiens à médaillons
réticulés; deux vases de style persan; deux vases
décorés de pavots, en pâte d'application blanche
sur fond noir; une belle assiette à frise décorative
or et noir sur fond vert, etc., etc.

M. PEYRUSSON (de Limoges) a envoyé une série
de vases recouverts de fonds jaspés et agatisés, qui
montrent les ressources que peuvent offrir les
oxydes métalliques pour la décoration des porcelaines.

A l'autre extrémité de la même vitrine sont
exposées les pièces élégantes décorées sous couverte
par M. ALBERT DAMMOUSE. Nous citerons : le petit

tableau représentant un enfant en camaïeu bleu
dans un fond de paysage polychrome, rehaussé
d'or, et les deux marines de style japonais *francisé ;*
la coupe Henri II et les deux vases à trois pieds
et à couvercles ajourés. Dans l'angle de la vitrine
se trouvent deux vases de même forme et de même
décor, l'un *cuit* et l'autre *cru,* destinés à servir de
démonstration technologique.

Au-dessus se trouve l'exposition de MM. Hache
et Pépin-Lehalleur (de Vierzon), où l'on remarquera, entre autres, trois grands bols décorés sous
couverte, avec rehauts d'or. Cette maison est
représentée en outre par une série de tasses aussi
remarquables par la beauté et la finesse de la pâte
que par l'élégance du décor, remplissant la vitrine-
table n° 9. — Dans le même compartiment est
exposée une suite de vases à fonds unis et agatisés, de la fabrique de M. Guérin.

*Vitrine n° 2.* — La première division est occupée
par les produits de MM. Haviland et Cie, entre autres
par les pièces du service des *algues marines,* du
service à fleurs dans le genre de Saxe, et de celui
à fond *cachemir.* Cette exposition montre pour la
première fois des porcelaines décorées par impression avec des couleurs au grand feu. Trois pierres
lithographiques expliquent, avec la feuille de *trans-
port* placée dans un cadre en haut de la vitrine,
comment se fait cette impression. Sur la première
est dessiné au trait l'ensemble du décor que l'on
peut voir sur l'assiette placée à côté; les deux

autres sont destinées à imprimer tous les *passages*
de même couleur qui entrent dans la composition.

Le compartiment suivant appartient à la maison
Pouyat (de Limoges), dirigée actuellement par
M. DUBREUIL. On remarquera plusieurs pièces
d'un beau service à ornements en relief et parties
repercées à jours et rebouchées par l'émail transparent, offertes au musée par M. Dubreuil, directeur
actuel de cette maison. — Le fond du panneau
est occupé par des assiettes peintes au grand feu,
par M. DONZEL, au moyen d'un crayon de son
invention.

L'ÉCOLE DES BEAUX-ARTS DE LIMOGES occupe le
troisième compartiment; on la retrouvera dans la
partie inférieure de la vitrine consacrée aux
verreries françaises. Ces nombreux spécimens
démontrent l'excellence de l'enseignement donné
dans ces écoles, créées par M. Adrien Dubouché.
Tous les genres de décoration céramique y sont
pratiqués : la peinture au grand feu et l'emploi
des pâtes d'application aussi bien que la dorure
et le *filage*, la figure, les fleurs et l'ornement
d'invention ou copié sur les modèles anciens,
dont le musée céramique de Limoges est si riche.

*Vitrine n° 3.* — Elle renferme les pièces de
porcelaine de la MANUFACTURE DE SÈVRES, données
au musée par le Ministre de l'instruction publique
et des beaux-arts. — Nous n'avons pas à faire ici
l'éloge de notre grand établissement national qui
a fourni à l'industrie tant de modèles de forme

et de décoration, et d'où sont sortis presque tous les perfectionnements apportés depuis trente ans dans la fabrication et l'ornementation de la porcelaine. Nous nous bornerons à citer les différents modèles de tasses à café et à thé, minces ou réticulés, les beaux biscuits exécutés d'après des terres cuites du siècle dernier, les porcelaines tendres avec émaux en relief, et, en dehors de la vitrine, outre le vase de M. Gély, celui de M. Eug. Froment.

Nous signalerons, dans les embrasures des fenêtres, les paysages peints sur faïence crue, par M. BOUQUET, et une vue de Venise, offerte au Musée par son auteur, M. GUSTAVE NOEL, et où sont employés les deux modes de peinture sur émail cru et sur émail cuit.

Avant d'aborder l'examen des produits étrangers à la céramique proprement dite, que renferment les autres vitrines, nous devons dire un mot des porcelaines tendres exposées par M. BARREAU, dans la partie inférieure de la vitrine de milieu, n° 8, réservée aux verreries anglaises, autrichiennes et italiennes, où on trouvera également, outre les assiettes en faïence fine décorées par impression, de MM. VIEILLARD et Cⁱᵉ (de Bordeaux), les plats en grès de MM. BOCK frères, et quelques porcelaines anglaises.

Les porcelaines tendres de M. Barreau, très bien fabriquées, sont décorées dans le style des anciennes porcelaines de Sèvres et marquées,

comme elles, des deux *L* entrelacées renfermant
la lettre initiale *B*. Nous avons cru devoir signaler
ces imitations à l'attention du public.

Outre les grès de M. Doulton, la céramique
anglaise est représentée au pavillon de Flore par
les produits de la manufacture de M. Minton, à
Stoke-upon-Trent, et de la Manufacture royale de
Worcester. Ces porcelaines sont exposées en partie
dans la vitrine n° 8, en partie dans une vitrine
spéciale (n° 11) que le manque d'espace a fait
placer dans la salle voisine réservée à la peinture.
— Parmi les porcelaines de M. Minton, signalons
une assiette imitant l'émail cloisonné chinois, et
faisant partie du service du prince de Galles ;
parmi les produits de la manufacture de Worcester, les porcelaines jaune ivoire, dont les formes
et le décor en or de relief sont inspirés de l'art
japonais ; on remarquera également les reproductions des porcelaines anglaises du siècle dernier,
aux couleurs éclatantes.

## VITRINE 4

### ÉMAUX

Cette vitrine est exclusivement consacrée aux émaux. Citons
parmi les pièces exposées plusieurs œuvres de M^me Apoil, de la
manufacture de Sèvres ; la *Poésie* et la *Sainte Famille* d'après
Raphaël, une coupe dont la monture est de M. Charles Jean,
une *Mater dolorosa*, etc., etc.

M^me de Cool. — Une grande aiguière et son plateau, décorés
de grisailles, la *Justice poursuivant le crime*, d'après Prudhon.

M. CHARLES JEAN. — Un coffret orné de plaques émaillées de M. L. PENET représentant les cinq sens ; une assiette ornée d'un sujet allégorique : le *Mois de janvier.*

M. CHARLOT, une grande pendule décorée d'émaux translucides sur argent guilloché représentant des figures allégoriques par M. L. PENET.

M. ROBILLARD. — Un panneau, représentant François Ier, en émail à paillons dans une bordure de grisailles.
Dans l'embrasure voisine de cette vitrine nous avons encore à signaler un portrait sur émail de M. LEPEC.

Dans cette même embrasure se trouvent plusieurs pièces de faïence : trois grands plats de M. DECK dont un à fond d'or décoré d'une tête de femme par M. R. COLLIN ; les deux autres à fleurs décoratives appartiennent au Musée de Limoges. En face, deux plats et un médaillon en haut relief représentant l'*Assomption de la Vierge* de M. PULL et deux tableaux peints sur porcelaine par Mme DE COOL.
L'embrasure suivante contient plusieurs panneaux sur lave de MM. LEFORT et JOUVE et de M. GILLET qui a en outre exposé les deux poêles placés entre les fenêtres et différents autres panneaux placés au-dessus de ces poêles et dans l'embrasure suivante.

# VERRERIES ET CRISTAUX

## VITRINE 7

### *Verreries françaises*

LA CRISTALLERIE DE BACCARAT, fondée en 1765, expose différentes pièces décorées d'ornements et de motifs gravés en creux dans la masse ou *dépolis* au moyen de la roue ou de l'acide fluorhydrique. Citons : une urne couverte de style Louis XVI ; un seau à anse de forme aplatie ; une coupe oblongue à piédouche et deux anses, offerte au Musée ainsi qu'une grande aiguière très élégante de forme. — Une buire à décor émaillé.

M. GALLÉ (de Nancy) a envoyé de nombreuses pièces de verreries émaillées parmi lesquelles nous mentionnerons une petite coupe hémisphérique à piédouche, acquise par le Musée ; une petite horloge et plusieurs pièces gravées.

M. ROUSSEAU. — Un vase quadrangulaire en cristal enfumé portant un renflement médian de forme hémisphérique et décoré d'ornements en émaux bleus et blancs.

MM. MONOT et STUMPF (de Pantin). — Série de vases gravés imitant le cristal de roche, et de verres *aventurines.*

4

M. Brocart. — Un grand vase de style oriental en verre émaillé et doré; appartenant au *Musée de Limoges*.

MM. Bucan et Duponthieu. — Une grande bouteille décorée de rinceaux dorés au milieu desquels volent des oiseaux fantastiques en émaux de couleur.                    (*Don au Musée.*)

## VITRINE 8

### *Verreries étrangères*

M. Castellani (de Murano). — Nombreuses pièces reproduisant les modèles de la Renaissance; entre autres une grande coupe à piédouche en verre bleu doré et émaillé. On remarquera plusieurs pièces offertes par M. Castellani et un grand plat exposé dans la partie inférieure de la vitrine et qui semble taillé dans le marbre; cette pièce, qui peut être regardée comme une des plus étonnantes créées par la verrerie moderne, a été acquise par l'administration du Musée.

M. Salviati (de Murano). — Expose également des reproductions des verres du seizième et du dix-septième siècle. C'est à lui également qu'est dû le grand lustre à cent lumières qui descend du plafond de la salle.

MM. Webb et Sons (de Londres). — Sur la tablette supérieure, des vases de formes et de décors généralement imités de l'antique en cristal gravé; au-dessous, une suite de vases irisés, et spécimens de verres à deux couches, dans le genre du vase de Portland.

MM. Powel et Sons (de Londres). — Imitations de verreries vénitiennes.

M. Lobmeyr (de Vienne, Autriche). — Cristaux gravés et taillés, dorés et émaillés: parmi ces dernières, nous signalerons le grand broc, acquis par le Musée et les vases prêtés par M. G. Berger.

# SALLE D

## VITRINE II

### *Porcelaines étrangères*

Cette vitrine contient des porcelaines anglaises et japonaises.

La Manufacture royale de Worcester. — Expose de belles gourdes de forme aplatie et décorées en camaïeu bleu à rehauts

d'or, et une suite de vases et coupes en porcelaine imitant
l'ivoire et des ornements en or de relief de plusieurs tons.

M. MINTON. — Un vase ovoïde à couvercle et deux anses dres-
sées en forme de couronnes; sur le fond vert-bleu se détache une
ornementation en pâte rapportée.

*(Cette pièce appartient au Musée.)*

MM. BING et MITSUI ont fourni de nombreux spécimens des
fabriques céramiques du Japon. Nous signalerons une potiche
en terre émaillée appartenant au Musée de Limoges, ainsi que le
grand plat qui est placé au fond de la vitrine et est décoré de
motifs géographiques.

Au milieu de la salle sont deux grandes potiches du Japon
appartenant à M. MITSUI. Dans les embrasures des fenêtres, on
remarquera une table en porcelaine décorée en bleu, exposée
par M. BING et un guéridon en cristal taillé de la fabrique de
M. MONOT (de Pantin).

Pour les peintures exposées dans cette Salle, voir le
Catalogue à la fin de la Notice.


# *VESTIBULE* E

———

Les murailles du vestibule qui conduit au grand
escalier sont garnies par des tapisseries orientales
formant portières, exposées par M. MEAKIN. Au
fond, et adossé à la rampe, se trouve un grand
cabinet indien en bois d'ébène et de santal, donné
au Musée par M. Cunliffe Owen, directeur du
*South Kensington Museum*, secrétaire de la Commission royale de l'Angleterre à l'Exposition universelle de 1878. C'est un travail hindou de la
Maison DESCHAMPS et Cie, de Madras. Les sculptures qui le décorent, représentant des cavaliers

armés, divers personnages et animaux fabuleux, sont en bois de santal.

On voit en entrant dans ce vestibule :

M. CANTINI. — Un grand vase en brèche sanguine de Numidie, socle en marbre vert de Maurin (Basses-Alpes).

M. COLLINOT. — Un autre vase en faïence, décoré dans le style chinois, et posé sur un piédestal hexagone entouré de trois dragons accroupis.

M. BELVILLE. — Une grande mosaïque en verres de couleurs, représentant la *Vierge aux Anges*, d'après Cimabué.

M. PULL. — Un panneau décoratif en terre émaillée, représentant la Céramique entourée de ses attributs.

LEGRAIN. — Les mascarons posés sur les pilastres sont de M. Legrain. Ce sont les moulages de ceux qui ont figuré à l'Exposition universelle et qui ornent la cascade du palais du Trocadéro.

**Les cartons et dessins qui se trouvent dans l'escalier sont désignés dans le Catalogue de la peinture à la fin de cette Notice.**

## VITRINE 12

### (Céramique)

On y remarque :

Deux grands plats, en porcelaine du Japon, de dimensions inusitées, exposés par la maison MITSUI.

M. BOUVIER. — Un grand vase fuselé décoré de chrysanthèmes sur fond chagriné.—Une urne couverte à décor de style oriental.

M. MONTAGNON (de Nevers). — Un très grand plat à fond émaillé gros bleu et décoré en blanc d'engobe dans le genre des anciennes faïences de Nevers. Le marli est orné d'une riche bordure arabesque. — Au fond, *Bélisaire* d'après David. — Une aiguière et son plateau, de style italien, etc.

M. OPTAT MILET (de Sèvres). — Une paire de vases piriformes à col allongé, décorés de fleurs sur fond chamois clair.

Deux plats : Un chef gaulois et le portrait de M. Thiers.

M. EGOROFF. — Trois plats décorés de sujets russes, etc.; etc.

# ESCALIER F

---

Le plafond de l'escalier a été exécuté par
M. Alex. Cabanel ; il représente le *Triomphe
de Flore*. L'esquisse de cette peinture se trouve
dans la salle **D** du Musée. (Voy. plus loin le
Catalogue spécial). Les sculptures qui décorent la
muraille sont de M. Eugène Guillaume; elles ne
sont point encore tout à fait achevées. Sur la paroi
centrale, au milieu de l'escalier, on voit :

M. LE COMTE FERNIANI. — Un bas-relief représentant Jeanne
d'Arc à cheval, faïence de la fabrique de Faenza (Italie).

M. LOEBNITZ. — 1º La *Céramique*, représentant divers épisodes
de la fabrication; 2º Attributs de la comédie; 3º deux médaillons
ronds, la *Musique instrumentale* et la *Musique vocale*.

Dans le vestibule du premier étage sont exposées les peintures de M. GALLAND, décrites au
Catalogue spécial (voyez à la fin de cette Notice), et des statues en bronze de M. BARBEDIENNE :

1º Auguste, statue bronze, d'après l'antique.
2º Louis XIII, statue bronze, d'après l'original de Rude, en
argent massif, qui se trouve au château de Dampierre.
3º Le Chanteur florentin, d'après M. Paul Dubois.
4º Saint Jean-Baptiste, d'après le même.

## VITRINE 13

### (Bronzes)

M. BARBEDIENNE. — Tigre en marche, par BARYE, bronze argenté. — Lion en marche, par BARYE, bronze argenté. — Deux brûle-parfums, de style Louis XVI, en bronze doré. — Deux lampes de style persan, en bronze doré. — Coupe Brionne, en bronze argenté, dans son écrin. — Lampe de forme cylindrique, en bronze du Japon, incrusté d'or et d'argent. — Brûle-parfums de style pompéien. — Paire de flambeaux Louis XVI, en bronze argenté avec têtes de béliers. — Le *Printemps* et l'*Automne*, statuettes en bronze (patine nouvelle). — Eléphant, par BARYE. — Jeune femme romaine, buste par M. CLÉSINGER. — Hélène, réduction n° 2 du buste de M. CLÉSINGER. — Ours dans son auge, bronze vert par BARYE.

## VITRINE 14

M. BARBEDIENNE. — Lampes de style hindou, en bronze argenté. — Charles VII, statuette équestre, en bronze vert, par BARYE.

## VITRINE 15

### (Bronzes, émaux cloisonnés et laques japonais)

M. BING. — Deux vases coniques, en émail cloisonné sur cuivre, fabriqués à *Tokio*; arabesques polychromes sur fond bleu; les anses sont formées par deux têtes d'éléphants en bronze doré. — Grand vase en bronze de patine claire avec décoration d'arabesques à reliefs dorés. — Panneaux en bois avec sujets en ivoire tirés de l'histoire légendaire du Japon. Le fils d'un empereur des temps anciens s'est introduit sous des vêtements de femme dans l'habitation d'un chef de rebelles pour le surprendre nuitamment et en débarrasser le pays. Au second plan, un groupe de femmes en fuite. A droite du tableau une riche tenture est simulée par un fin travail de laque. Le cadre est garni d'ornements laqués. — Panneau en bois laqué à fond noir avec applications d'ivoire, de bois, de nacre, de jade, etc. Le sujet représente une diablerie tirée des Contes populaires du Japon : un coffret se transforme en animal fantastique; il est entouré de monstres (de toute nature. — Deux plateaux en bois laqué, à fond noir (mat décoré de paysages en or, animés de figures en métaux incrustés : le tout représente la récolte du riz

et la récolte des cocons de vers à soie. — Deux panneaux en
bois laqué à fond d'or avec décor en noir ; l'un représente des
poissons dans l'eau, l'autre une cascade entourée de végétations.

## VITRINE 15 BIS

M. BING. — Grand cabinet en bois laqué de forme quadrangulaire, composé de montants en écaille au milieu desquels la
partie centrale, formée de tiroirs, portes et casiers, peut tourner
sur elle-même. Trois des faces sont décorées d'or, de tons variés, appliqué ou incrusté, et d'ornements polychromes ; la qua-
trième face est décorée de reliefs noir sur noir.

## VITRINE 16

Trois cadres contenant de nombreux échantillons de laques
du Japon, avec différents motifs de décoration, d'incrustations, etc. — Ecran en bois d'olivier contenant seize carreaux
de bronzes japonais, incrustés d'or et d'argent, émail cloisonné
et pierres avec motifs variés de décoration et offrant les différents types du travail auquel peut être soumis le métal.

*(Appartenant au Musée.)*

# *SALLE* **G**

(Orfèvrerie)

Cette salle contient dix vitrines dont cinq adossées
à la muraille, deux vitrines de milieu entièrement
en glaces, et trois tables. Au milieu est une
cheminée en marbre blanc et bronze doré mat,
de M. DENIÈRE, style Louis XVI, sur laquelle sont
posés une pendule et deux candélabres avec bases

en marbre, ornés de bas-reliefs, lumières en bronze doré mat, portées par des figures, d'après Clodion, en bronze vert.

Au centre de la salle est une pendule de style Louis XVI, de M. DASSON; elle est à cercles tournants, supportés par trois figures de femmes en bronze vert. Près de la fenêtre du milieu se trouve Bellérophon, en bronze, de M. SERVANT. —Sur un petit socle placé en face de la porte donnant entrée dans la salle des tissus, est un groupe en argent de MM. FANNIÈRE frères, représentant également Bellérophon tuant le dragon ; il a été donné en prix par le Jockey Club.

Sur la muraille de droite, deux tapisseries d'Aubusson, de M. BRACQUENIÉ, d'après Amédée Van Loo et deux esquisses de panneaux en tapisseries en cours d'exécution à la manufacture royale de Malines, pour l'Hôtel de Ville de Bruxelles.

Un panneau en tapisserie, de M. WALMEZ, d'après le tableau de M. Cot, intitulé *le Printemps*.

**Les cartons et esquisses qui se trouvent dans la salle sont décrits au Catalogue de peinture. (Voyez à la fin de cette Notice.)**

## VITRINE 17

### (Orfèvrerie)

M. AUCOC (L.) — Nécessaire de toilette, de style Louis XVI, en ébène incrustée de cuivre, de maillechort et de nacre. Il comprend diverses pièces en argent doré en ors de couleur : glace,

miroir à main, flacons, boîtes à poudre, etc., etc. Les guirlandes en relief ont été ciselées, puis rapportées sur le fond
guilloché et soudées au feu.

Quatre pièces d'un service à thé et à café, avec médaillons et
ornements repoussés, de style Louis XVI. Les médaillons ne
sont pas rapportés, mais relevés au ciselet. Les becs et les
anses ont seuls été soudés sur le corps des pièces.

M. BING. — Deux panneaux en bois laqué du Japon, à fond
gris de fer, ornées d'une décoration en relief représentant un
puits, des oiseaux et divers ustensiles. — Brûle-parfums en argent du Japon représentant un tambour surmonté d'un coq et
reposant sur une base rectangulaire incrustée d'émaux translucides. Le socle est orné, sur ses quatre faces, de petits oiseaux
incrustés volant au-dessus des flots. Toute la pièce est gravée de
rinceaux fleuris et, par endroits, enlacée de feuillages formés
d'or et d'émaux translucides. — Vase en bronze de Kanga,
forme de gourde à panse aplatie, et incrustations d'or et d'argent. Il est en bronze patiné de diverses couleurs et enrichi de
gravures. Le centre de chacune des deux faces est occupé par
un médaillon orné d'un animal chimérique; des arabesques de
formes variées garnissent les autres parties du vase. — Jardinière de forme oblongue en bronze de Kanga; elle repose sur
quatre pieds, et est incrustée de rinceaux en argent avec fleurs
en or. La pièce est entièrement doublée d'argent. — Deux
vases en bronze de Kioto. Le corps des vases, formant un carré
aux angles arrondis, est surmonté d'un large plateau, et repose,
au moyen d'un piédouche, sur une base hexagonale avec galerie
à jours qui est supportée par des colonnettes. Riche travail d'or-
févrerie d'or et d'argent. — Deux plaques en bronze de Kioto. La
première représente une voiture chargée de fleurs, et la seconde
un store agité par le vent; travail d'incrustations, de gravure,
de ciselure et de repoussé, en or, argent et bronze de diverses
patines. — Deux vases en bronze de forme cylindrique, avec un
décor, en repoussé, de fleurs ornementales et d'oiseaux.

MM. ROUVENAT et Ch. LOURDEL. —Statuette en bronze polychrome
dite la *Charmeuse* (modèle de M. Carrier-Belleuse). Elle tient
enroulé sur son bras droit un serpent émaillé sur or, et dont
les yeux sont en brillants, et sur sa main gauche un oiseau en
argent. Elle est coiffée d'un diadème enrichi de pierreries et
porte une large ceinture en émail rouge à fleurs, dont l'agrafe
est une rosace en diamants et turquoises.

M. PERROT. — Encrier accompagné de diverses pièces pour
bureau, flambeaux, sonnette, plumier, etc., etc., en bronze ciselé
et doré, de style rocaille.

Mme Ve DELONG.—Chiffre en bronze nickelé de 15 centimètres
d'épaisseur, reperçé à la scie mécanique au moyen du procédé
inventé par Mme veuve Delong.

M. FROMENT-MEURICE. — Groupe en argent repoussé et ciselé
représentant un centaure couronné par une Gloire ailée; socle de

marbre rouge avec ornements de bronze doré. Il a été offert par
les exposants étrangers à M. Georges Berger, directeur des sections étrangères à l'Exposition universelle de 1878. Deux plaques en cuivre appliquées sur le socle portent les noms des donateurs. Sur les côtés sont des plaques également en cuivre contenant le chiffre en argent de M. G. Berger.

M. Tiffany (Amérique). — Pichet en argent martelé, orné d'appliques en alliages oxydés. — Bol en argent martelé avec ornements gravés, de style japonais. — Service à café et à thé, forme
gourde ; il est en argent martelé, orné d'appliques en alliages
oxydés. — Ce service appartient à M. Paul Dalloz.

M. Elkington (Angleterre). — Plat en fer repoussé et damasquiné, avec incrustation d'or.          (*Appartient au Musée.*)

M. Zuloaga (Espagne). — Coffret en fer à couvercle bombé,
damasquiné d'or et d'argent. — Appartient à M. Georges Berger.

## VITRINE 18
### (Orfèvrerie)

M. Odiot. — La Renommée embouchant sa trompette pour
proclamer le nom du vainqueur, statuette en argent ; prix
donné par le Jockey Club en 1868. — Aiguière en argent représentant les Quatre Saisons. Au faîte de l'anse, une femme,
le bras étendu, presse une grappe de raisin et en extrait le
jus ; sur la panse un satyre, à demi couché, porte un toast à
Bacchus en tendant sa coupe. Les figures de femmes, en bas-
relief, personnifient les Quatre Saisons. Au pied sont étendus
une femme et un satyre que lutinent des enfants. — Vase en argent représentant en bas-relief le combat des Amazones. Donné
en prix par le Jockey Club. — Vase en argent représentant en
bas-relief les Centaures attirés par les Sirènes. Il a été donné en
prix par le Jockey Club en 1876. — Boîte à gants en argent, ornée
de bas-reliefs figurant des enfants et soutenue par quatre Sirènes
adossées aux angles. — Encrier et flambeaux en argent, pour
bureau, de style Louis XV. — Service à café en argent, de
style Louis XVI, composé de trois pièces. — Deux grands candélabres en argent, avec cariatides. — Une coupe à fleurs en argent
pour bout de table.

## VITRINE 19
### (Orfèvrerie)

Tous les objets contenus dans cette vitrine sont
des moulages en galvanoplastie, exécutés par la

maison Elkington, de Londres, pour le *South Kensington Museum*. Ce sont des copies d'après des œuvres plus ou moins célèbres de l'antiquité, du moyen âge et de la Renaissance, appartenant à divers musées de l'Europe.

## VITRINE 20

### (Orfèvrerie)

MM. FANNIÈRE frères. — Pendule de style Renaissance, en argent, lapis-lazuli et argent doré. Les deux figures de femme en argent qui se trouvent sur les côtés représentent *la Poésie* et *le Chant*; au sommet, le *Génie des Arts*. Le cadran est en argent avec divers ornements en relief. — Aiguière et son bassin, de style Louis XVI, en argent repoussé et décoré de plantes et d'animaux aquatiques (Appartient à Mᵐᵉ M. Blanc.) — Coupe en argent représentant le triomphe d'Amphitrite et supportée par une sirène. — Coupe en argent repoussé; les bas-reliefs intérieurs représentent des oiseaux défendant leur nid contre un serpent. — Coupe en argent de style Renaissance; les anses sont formées par des Bacchantes tenant des pampres. Elle a été donnée comme prix de viticulture à M. le vicomte de Saint-Trivier. — Quatre pièces d'un service à thé en argent repoussé, de style Louis XV. (Appartient à M. Laffitte.) — Claymore, à poignée en coquille, en acier repoussé, ciselé et repercé à jour, décorée dans le style de la Renaissance d'ornements, entrelacs, devises et emblèmes. (Appartient à M. le baron DE CHARETTE. — Bracelet en or, argent, émail et sardoine; la figure formant camée représente *Amphitrite*. — Flacon de style Renaissance en cristal, or, argent et rubis, avec figures d'Amours ciselées.

## VITRINE 21

### (Orfèvrerie)

M. CHRISTOFLE et Cⁱᵉ. — Surtout de table, pièce de milieu, avec candélabres, en bronze doré et argenté. Les figures sont de M. Carrier-Belleuse. — Surtout-jardinière, avec candélabres décorés de fleurs de cognassier dans le style japonais en bronze polychrome avec reliefs d'argent et d'or de couleurs. — Une coupe et deux vases, décorés de fleurs de pêcher, en bronze polychrome. — Coffret en bronze ciselé, représentant l'Enlèvement de

Déjanire, par M. Klagman. — Coupe à reliefs polychromes. —
Flambeaux en argent ciselé, de style Renaissance. — Flambeaux
italiens en argent ciselé. — Service à café, de style hindou, en
argent avec émail translucide sur paillons et cloisons d'or ;
les ciselures sont prises sur pièces. — Service à café, de style
Louis XVI, en argent ciselé, modelé par M. Carrier-Belleuse. —
Service de café, de style Louis XIII, en argent rspoussé,
d'après les modèles de M. Chéret. — Service à déjeuner, de style
Louis XV, en argent repoussé et doré ; les frises sont en
émail cloisonné d'argent. — Vase de style grec, en argent
repoussé, avec fleurs de linaires. — Coupe en argent repoussé,
représentant la *Cigale et la Fourmi*. — Verre d'eau, genre
Louis XIII, verres émaillés et monture d'argent.

## VITRINE 22

### (Orfèvrerie)

M. PHILIPPE (Emile). — 1º *Application de l'art égyptien
d'après les documents authentiques.* — Grande parure égyptienne à scarabées, en pierres dures, imités de l'antique ; la
monture est en or et argent émaillé avec sujets emblématiques
et cartouches royaux des principaux souverains de l'Egypte,
depuis Ménès (1er roi) jusqu'aux Ptolémées. Cette parure se
compose d'un grand collier royal, d'un bracelet dit Améno-
phis II et du dessus de la parure. Cette œuvre intéressante a
été offerte au Musée des Arts décoratifs par M. Philippe. —
Miroir à la main, de style égyptien en argent ciselé et émaillé,
à double face.

2º *Application de l'art oriental (indien, persan, arabe, etc.)*
— Grand milieu de table, de style indien, à double vasque
soutenue par des colonnettes. La base est supportée par quatre
lions indo-chinois. Le tout est surmonté d'un cornet pour plantes
ou fleurs. L'exécution est en bronze et argent orné d'émaux
et pierreries ; quelques parties sont gravées, ajourées et ciselées. La partie décorative présente les attributs symboliques
des principales divinités de l'Indoustan : les dieux Siva,
Ganesa, Rama, et Kali. La composition et le dessin de cette
œuvre sont de M. Paul Benard, architecte ; la ciselure, de
M. Delettre ; la gravure, de M. Mareix. — Bocal d'honneur, de
style persan, en argent émaillé, doré et ciselé. Le travail pris
sur pièces est à médaillons réservés et alternés de motifs et ornements variés. — Aiguière en argent ciselé et oxydé, avec parties dorées.

3º *Montures de matières précieuses.* — Flacon en cristal de
roche, de style Renaissance, en forme de gourde Henri II, avec
gravure, médaillon de Diane de Poitiers et armoiries
royales. La monture est en or émaillé orné de pierreries. —
Grand vase chinois en cristal de roche, à deux anses ; la mon-

ture est en or et argent émaillé orné de pierreries. — Flacon carré en cristal de roche à décoration et monture persanes en argent émaillé, pierreries et incrustations d'or. — Éléphant en jade, de style indien ; la monture en or est émaillée à pierreries. — Aiguière en cristal de roche, de style Louis XIV, avec monture en argent ciselé et ors de couleurs.

M. Poussielgue-Rusand. — Ostensoir en vermeil, orné de pierres fines, malachites, lapis-lazuli, perles, rubis, émeraudes, topazes brûlées, etc. Les attributs des évangélistes sont représentés en argent oxydé ; deux anges portent une couronne, au-dessus de la *Gloire*. La composition est de M. Corroyer, architecte. — Ciboire assorti à l'ostensoir, du même auteur ; il a été exécuté pour les églises de Saint-Philippe du Roule et de Notre-Dame des Victoires de Paris. — Calice en vermeil, avec émaux cloisonnés ; style du treizième siècle. Le dessin est de M. Cuypers, architecte de S. M. le roi des Pays-Bas. — Châsse à figurines portant un cylindre en cristal garni de bronze doré, d'émaux et de pierreries ; style du treizième siècle. C'est une imitation agrandie du reliquaire de ce type conservé au Musée de Cluny.

M. Garraud. — Coupe en jade. — Goupe en cristal de roche taillé. — Tulipe en grenat. — Deux vases en aventurine verte. — Encrier avec un cachet, en labrador. — Coffret en lapis de Perse. — Deux petits vases de forme japonaise en labrador avec monture à reliefs en argent.— Deux coupes en cristal de roche.

M. Varangoz. — Deux burettes en cristal de roche. — Coupe en lapis. — Deux petits vases couverts en aventurine verte, monture en or ciselé et émaillé. — Coupe en topaze orientale.— Coupe en obsidium. — Coupe en jaspe, etc.

M. Jarry. — Coupe en onyx ; le pied est en argent ciselé et représente *Diane et l'Amour*.

## VITRINE 23

### (Bronze, orfèvrerie et laques du Japon)

M. Lipman. — Cabinet japonais en laque noir et or, avec incrustations de nacre, appliques d'ivoire teinté et monture d'argent. — Service à café japonais, en argent repoussé. — Théière en argent avec parties émaillées. — Trois boîtes en fer avec incrustations d'or et d'argent. — Petit plateau en fer. — Boîte de métal brun. — Deux statuettes en bois sculpté. — Un groupe de tortues en bois sculpté. — Un groupe de Chimères en bois sculpté. — Trois boîtes de laque d'or. — Trois paires de vases en shakoudo, mélange de bronze et d'argent, avec niellures d'or et d'argent et parties émaillées.

M. Bing. — Deux vases en bronze de Kioto, en forme de balustre élancé, et garnis d'anses à dragons. Travail d'incrustations et de gravure représentant des couronnes de fleurs en argent et en bronze diversement patiné. — Grand plateau en fer incrusté d'argent, un médaillon de fleurs est au centre, tandis qu'une guirlande de fleurs contourne les bords. — Jardinière en bronze, de Kanga ; de forme rectangulaire avec coins arrondis : très-fin travail d'incrustations et de ciselure en or, argent et bronze de différentes patines, représentant des poissons dans l'eau s'ébattant au milieu d'herbes marines. Le même décor occupe les quatre faces de la pièce. — Deux cornets en bronze, de Kanga : application d'or, d'argent, de bronze diversement patiné, sous forme de branches de vigne, enlaçant les contours des vases. Des papillons dont les ailes sont partiellement incrustées d'émaux translucides. — Théière en argent martelé avec anse en fer et anneau de jade sur le couvercle. — Théière en argent granulé, imitant l'écorce d'orange. — Service à thé du Japon, composé de neuf pièces en forme de plantes aquatiques ; les soucoupes, en forme de feuilles à demi roulées sont ornées chacune d'un animal différent. — Cabinet en bois laqué, la porte est décorée d'un paysage à reliefs d'or ; sur la partie supérieure et sur les côtés, des feuilles mortes semblent éparpillées par le vent ; les tiroirs sont entourés d'une large bande d'or mat rehaussé par des ornements polychromes. — Panneau en bois représentant une betterave blanche et des souris en ivoire diversement colorié. — Plaque ovale cloisonnée, représentant une branche de fleurs en émaux polychromes qui se détache sur un fond bleu turquoise uni. Petite boîte en bois imitant l'écorce d'arbre incrusté de feuillage en émail translucide cloisonné d'or. — Petite boîte en bronze, de Kioto, ornée sur le couvercle d'un motif en relief représentant une grappe de raisin garnie de feuilles. — Petite boîte en bronze, de Kioto, ornée sur le couvercle d'un oiseau en argent incrusté au milieu d'un paysage gravé en creux. — Deux petites boîtes en fer doublé d'argent, le couvercle est orné d'une incrustation d'argent représentant une branche de fleurs et des oiseaux.

## VITRINES 25 ET 26

### (Reliures d'art)

MM. Marius Michel. — L'industrie de la reliure d'art comprend deux sortes de travaux bien distincts : 1° relier à nouveau des volumes anciens et reproduire sur leurs couvertures des dessins empruntés aux reliures de l'époque à laquelle appartient l'ouvrage ; 2° relier les publications contemporaines en employant librement des motifs originaux de décoration. Les reliures exposées dans ces vitrines comprennent les spécimens de ces deux façons de procéder.

### Reproduction d'art ancien

1° Reliure en maroquin brun, style du quinzième siècle. — 2° Copie d'une reliure exécutée sur un volume des Aldes, commencement du seizième siècle, en maroquin fauve, avec application de mosaïque vert noir. — 3° Reliure marron fauve, dans le style italien du seizième siècle, avec médaillon du Dante. — 4° Reproduction d'une reliure exécutée par Grolier, style italien du seizième siècle, marron olive. — 5° et 6° Reproduction d'une reliure du seizième siècle. — 7° et 8° Reproduction d'une reliure faite pour Grolier, marron brun clair, avec application de mosaïque, entrelacés en vert foncé, arabesques en rouge ; seizième siècle. — 9° Copie d'une reliure du seizième siècle, de style Henri II, marron fauve, avec applications de mosaïque vert olive, rouge et ivoire. — 10° Reproduction d'une reliure de la seconde moitié du seizième siècle, marron fauve. 11° Reproduction d'une reliure de la seconde moitié du seizième siècle, marron vert foncé. — 12° Reproduction d'une reliure du commencement du dix-septième siècle. — 13° et 14° Reproductions de reliures du temps de Louis XIII. — 15° Reproduction d'une reliure du dix-septième siècle, marron rouge. — Reproduction d'une reliure de Pasdeloup (dix-huitième siècle). — Reproduction d'une reliure de Derôme (dix-huitième siècle).

### Art moderne

18° et 19° Reliures marron brun noir, avec applications de cuirs de différentes couleurs ; mosaïque sans or. — 20° Reliure marron bleu clair, avec applications de mosaïque en bleu foncé. — 21° Reliure marron brun noir, avec un ornement symbolique en mosaïque de différentes couleurs sans or. — 22° Reliure marron rouge. — 23° Reliure dans le style anglais d'Elisabeth, marron brun clair, avec applications de mosaïque vert foncé. — 24° Dessin, projet de reliure qui a été exécutée en 1878 sur les volumes de l'*Art*, destinés à l'Exposition universelle.

# SALLE **H**

## TISSUS

---

En entrant dans cette salle, le visiteur trouve
à sa droite un cadre renfermant onze dessins
divers applicables à la confection de la dentelle,
et que l'auteur, M. PERRIN, a offerts au Musée
des Arts décoratifs. Ils sont conçus dans les styles
propres aux fabriques d'Alençon, de Bayeux, de
Valenciennes, de Bruxelles et d'Angleterre.

### *Parties murales*

### I

Sur la partie murale opposée aux fenêtres donnant sur le quai des Tuileries sont placés deux
grands panneaux de tapisserie d'Aubusson, tissés
dans les ateliers de MM. F. DUPLAN et G. HAMOT.
Le premier, sujet mythologique, représente NEP-
TUNE et ANYMONE (d'après F. Boucher). La nymphe
poursuivie par une foule de satyres jusqu'au bord
du rivage, invoque le dieu Neptune qui apparaît
et la délivre de leur poursuite. Le second panneau représente une *Chasse au loup,* d'après le

tableau de Gélibert. L'animal fait tête à la meute qui l'a chassé ; un chien égorgé et sanglant gît sur la neige, les autres sont sur le point de recommencer la lutte : un mouvement plein de vigueur anime cette scène de carnage.

Au-dessous de ces deux panneaux, on voit deux tableaux, échantillons de frange et de passementerie, offerts au Musée par M. DIEUTEGARD qui les avait exposés au Champ-de-Mars.

## II

Sur la paroi qui est décorée par une cheminée à ornements brodés, on trouve la portière que M. MARCOTTE a exécutée spécialement pour garnir l'ouverture qui donne accès de la salle des tissus dans celle de la bijouterie. Cette portière, exécutée en peluche et en bande de bourrette brochée de métal, offre toute la valeur des belles décorations persanes auxquelles son dessin est emprunté.

Une grande portière de MM. LAMY et GIRAUD occupe le dessus de porte ; cet important travail se fait remarquer par la grandeur des proportions de son dessin, exécuté dans le style Louis XIV, et aussi par son brochage varié de nombreuses couleurs.

Les objets suivants viennent ensuite :

M. TRESCA. — Un siége et un dossier de canapé, exécutés sur fond de soie ambré reproduisant fidèlement le point de tapisserie dit *point de Hongrie*, dont le procédé de fabrication appartient à sa maison : M. TRESCA partage avec trois autres exposants dont les noms suivent les deux côtés de la cheminée.

5

M. PENON. — Trois panneaux pour lesquels le brodeur a cherché de multiples moyens décoratifs, savoir : un panneau représentant un faisan doré perché sur la branche d'un arbre d'où tombe une draperie qui court dans la composition. Ce travail exécuté sur soie allie le travail en chenille aux autres points de broderie.

De l'autre côté, M. Penon a exposé un portrait, en costume de la Renaissance, travail en tapisserie et soies, encadré et allié à un dessin de Mauresques dans le même style découpé en soie jaune, serti de cordonnet d'or et reposant sur fond bleu. — Un troisième grand panneau voisin du dernier, fête champêtre, exécuté en broderies de divers procédés.

BEAUVAIS. — La manufacture nationale des tapisseries de Beauvais est représentée par deux pièces, dossier et siège de canapé sur fond jaune ; le dossier est décoré d'un vase posé sur un lambrequin entouré de rinceaux et de fleurs supportés par des chimères. Le siège offre un trophée d'instruments de musique entre des rinceaux et des cornes d'abondance. La composition de ces deux pièces est due à M. Diéterle, le dossier a été exécuté par MM. Levêque et Langlois et le siège par MM. Vérité et Rehaut, artistes tapissiers qui les ont exécutées en 1877. — Deux autres pièces de la manufacture, exécutées d'après les modèles de M. Chabal-Dussurgey, acquis par le Musée, se trouvent dans la salle suivante.. (*Don au Musée par l'État.*)

M. BERCHOUD (manufacture de Belleville). — Deux tableaux encadrés, exécutés d'après les procédés employés anciennement à la fabrique de la Savonnerie : l'un, sujet d'animaux de basse-cour, représente un coq la tête haute, dans une attitude inquiète, qui surveille tandis que les poules mangent dans un plat de terre vernissé.

Le second tableau est un sujet de nature morte : sur une plinthe repose une musette, une sphère, un cahier de musique ouvert et un vase de porcelaine orné de bronzes. — M. Berchoud a également exposé la portière voisine de la fenêtre dont le modèle est emprunté au lit du château d'Effiat actuellement au Musée de Cluny.

M. D'ANTHOINE. — Ornements en broderie d'or sur fond de velours bleu, pour la partie supérieure de la cheminée qui décore la salle des tissus, et en broderie de même métal sur velours cramoisi pour le bandeau du foyer de cette même pièce.

MM. LE BLANC et GRANGÉ. — Deux armures de théâtre exécutées en tôle repoussée au marteau sur des modèles des quinzième et seizième siècles. Ces copies d'armures se font remarquer par la légèreté de leur confection qui laisse à l'auteur toute la liberté de ses mouvements.

Au-dessus de la cheminée est la bannière faite pour la section de l'ameublement à l'Exposition universelle de 1878, et qui figura à la cérémonie de la distribution des récompenses, au Palais de l'Industrie. Elle a été donnée par cette section au Musée.

## III

En continuant vers la gauche nous rencontrons:

M. TRESCA. — Panneau appartenant au genre de fabrication déjà décrite; il est composé d'un dessin d'éléments chinois; le procédé dont M. Tresca est l'inventeur donne une parfaite imitation du point carré de tapisserie à la main si en vogue au dix-septième siècle.

M. LE BORGNE. — Grand panneau aux armes de la ville de Lanoy (Nord); il est de style Renaissance avec effet de reliefs, par la navette ordinaire.                    (*Don au Musée.*)

MM. DUPONT (Louis) et HERVÉ. — Tissu mélangé laine, genre de velours de Gênes, sur métier Jacquart, exécuté dans le style de l'époque de Louis XIV.

M. A. HARINKOUCK. — Velours broché de nuances diverses. Ces tissus de Roubaix, sur lesquels nous aurons à revenir, sont destinés à l'ameublement.

## IV

MEUSNIER (grande maison de blanc). — Grande nappe damassée représentant les *Fées du dessert*, d'après la composition de M. Mazerolle. Elle est tendue sur châssis et entourée d'un cadre.                    (*Don au Musée.*)

### VITRINE 27

### (Tissus)

MM. TASSINARI et CHATEL. — La plus grande partie de la vitrine 27 est remplie par les tissus de ces fabricants. On remarque surtout, à droite et à gauche, des étoffes de velours drapées sur trépieds. Celle de droite, de couleur rouge, est un tissu broché d'après une copie prise en Italie sur modèle ancien de la fin du quinzième siècle, et dont le dessin est d'origine persane. Cette pièce, contretaillée, offre deux épaisseurs de velours coupé. Elle a été donnée au Musée par MM. Tassinari et Chatel. — Du côté gauche de la vitrine est un velours de nuances variées, exécuté d'après un dessin français du dix-septième siècle. — Au centre se trouve un tissu de soie lampas, d'après des dessins japonais, et exécuté sur fond bleu tendre. — Des deux côtés des trépieds portant les velours sont jetés en draperies deux lampas faille, couleur crème, brochés de guirlandes, de bleuets et de roses; l'un est cannelé de couleur cuir mordoré, avec guirlandes de plumes et de fleurs, style Louis XVI. — Les trois grandes pièces suivantes ornent le fond de la vitrine: velours à fond rouge, ton sur ton, avec guirlandes de fleurs en colonnes et semis de plumes, style Louis XVI. — Velours à deux tons, exécuté d'après un beau dessin du dix-septième siècle. — Grand panneau broché sur fond crème, exécuté dans le style à médaillons du règne de Louis XVI, plus spécialement désigné sous le nom de style Marie-Antoinette; il est en soie de nuances variées et rehaussé de parties en chenille. Il mesure 1m 90 de large. — Trois petites pièces de velours pour bordures; l'une est de style Renaissance; la seconde, sur fond crème, est de style Louis XIV; la dernière, avec guirlandes, est de style Louis XV.

Mme la princesse de BEAUVAU. — Broderie en chenille, représentant un *Chien*. Ce travail, d'une extrême difficulté, et qui réclame une étude approfondie des tons et de la mise en place, est entièrement fait à la main.

## VITRINE 28

### (Tissus)

MM. L. et A. EMÉRY (de Lyon). — Grand panneau (il tapisse le fond de la vitrine), exécuté d'après un ancien dessin de Philippe Delassale; il se compose de groupes de perdrix quinconcés et de guirlandes de fleurs soutenues par des épis de blé réunis. — Étoffe d'or sur fond rouge, copiée sur les étoffes vénitiennes du dix-septième siècle qui ont elles-mêmes emprunté leur décoration à l'art japonais.

M. DUMET.— Sept coupes de soieries exécutées dans les ateliers de M. Dumet, soit à Lyon, soit à Tours, d'après les documents qui lui appartiennent et sur les anciens dessins originaux de Revel, Pillement, Delassale, etc.

## VITRINE 29

### (Tissus)

MM. Lamy et Giraud. — Grande pièce tapissant la vitrine, ornée de deux médaillons à sujets champêtres et de deux personnages (jardinier et jardinière) brochés sur fond de satin vert, coloris ancien. — Coupe de l'étoffe à fond d'or commandée pour le foyer du nouvel Opéra, exécutée d'après les dessins de l'architecte M. Charles Garnier; la bordure est en brocatelle avec rapport d'ornements appliqués à la main. — Deux lampas posés sur trépieds, de style Louis XIV; l'un est orné de paniers de fleurs sur lesquels repose une colombe; l'autre, à fond Dauphine, couleur vieil or, est broché de faisans dont les vives couleurs sont empruntées aux dessins japonais. — Lampas lamé Pompadour. — Médaillons de fleurs des champs sur satin noir.

M. Dumet. — Damas. de style Louis XIV, à fond rouge, sur lequel sont posés des fleurs et des fruits de ton jaune. — Diverses étoffes parmi lesquelles on en remarque une à fond noir, ornée de guirlandes de roses rouges et bleues, et une autre, appliquée sur le fond de la vitrine, d'un ton brun décoré de fleurs, avec rehauts d'or et d'argent.

Mme Rocné (Paula). — Tableau exécuté en chenille et à l'aiguille, représentant une poule blanche brodée sur un fond de satin noir.

## VITRINE 30

### (Tissus)

M. Emery. — Etoffe de satin jaune, exécutée d'après les anciens dessins de Ph. Delassale, représentant de grands médaillons formés par des grillages qui contiennent des paons, des faisans, des canards et des cygnes voguant dans des réserves de guirlandes.

MM. Mathevon et Bouvard. — Tissu broché de couleurs diverses, avec dessins de vases et de fleurs dans le style Louis XVI. — Velours de couleur de bronze à trois tons, avec dessins de vases lambrequins, dans le goût de la fin du seizième siècle.

MM. Duché et Legris. — Etoffes de soie pour robes; l'une est à deux rayures, fond noir et fond blanc, sur lesquelles court un dessin japonais; l'autre, également à rayures, mais cannelée en fond de tissu, est ornée de bouquets et de feuillages sur fond jaune.                    (Don au Musée.)

M. Dumet. — Deux reproductions d'étoffes de style Louis XV.

## VITRINE 31

### (Broderie)

M. MAINCENT. — Deux pièces, application de satin maïs, avec reliefs et retouche au pinceau. — Un velours cramoisi, brodé en couchure de soie. — Grande gouttière en drap vert sombre, applications de couleurs et liséré maïs.

Mme TRIGOULET. — Pièce brodée, or et soie fondus sur peluche et satin bleu; au centre est une figure provisoirement peinte, destinée à être brodée.

M. ARNAUD SOUMAIN. — Trois pièces de costume, en style oriental, application de chenilles de couleurs mélangées avec liséré d'or et fond de laine blanche. — Deux pièces d'ameublement en satin rouge, brodé en soie de couleur.

## VITRINE 32

### (Broderie)

Mme BASSE-RICHÉ. — Grand panneau Louis XIII, brodé soie et or; les parties de soie sont lisérées d'or, et les broderies sont fac-simile; fond de soie blanche. — Coussin oriental, brodé en soie de couleur sur fond rouge. — Deux pièces pour ameublement, et un monogramme B. R. brodé sur or et sur fond grenat.

MM. BIAIS et RONDELET. — Bannière grecque en velours ponceau, avec bordure bleue, brodée d'or et de soie de différentes couleurs, aux armes de la Ville de Paris, d'après la composition de M. Biais. — Mitre du crucifiement, ornée de cinq figures brodées au petit point sur fond d'or, composition de M. Biais. — Christ docteur, broderie au petit point, des Gobelins. — Deux coffrets et trois spécimens de broderies décoratives, tirées des peintures de Notre-Dame de Paris.

## VITRINE 33

### (Broderie)

MM. BIAIS et RONDELET. — *Partie verticale :* Spécimens de tentures sur drap gris en application fondue, d'après les peintures de Notre-Dame de Paris. — Tenture, application de satin grenat liséré d'or sur laine. — Deux coffrets et trois spécimens pour broderie, ornements d'église ; composition de M. Biais. — Une chaise brodée en soie de couleurs, liséré d'or sur fond vert d'eau.

Mme BASSE-RICHÉ. — Bordure d'habit, broderie très-fine en soie de couleurs sur fond de velours brun. — Siége brodé en or et soie de couleurs, avec centre brodé en or sur fond brun-rouge. — Cinq pièces d'ameublement sur satin noir-violet et maïs, brodé en soie de couleurs. — Armoiries brodées en soie sur satin noir. — Trois pièces pour ameublement brodées or, soie floche et cordonné sur satin noir.

M. D'AUTHOINE — Grande pièce en application de satin de couleurs sur satin jaune, liséré cordonné de soie, avec de larges retouches de peinture.

M. TRESCA. — Étoffe pour tenture, fond vieil or, point de Hongrie, d'après un dessin de l'Ecole italienne. — Tapisserie du Vert-Muguet, de style Louis XIV.


## VITRINE 34

### (Tissus et broderies)


M. DUMET. — Tissu pour portière, exécuté en grande largeur ; le fond est jaune, à dessin couleur bronze, représentant des paons, des oiseaux divers et des fleurs.

M. G. ARNAUD-SOUMAIN. — Trois pièces d'étoffe cramoisie. — Deux pièces d'étoffe représentant des fleurs et des feuillages, avec broderie d'or et perles. — Etoffe de satin à fond brun représentant divers personnages avec les emblèmes royaux, au milieu de fleurs et de feuillages de couleurs variées.

M. MARLIÈRE. — Grande pièce d'étoffe à fond jaune vif. — Etoffe à fond brun sur lequel se détache un semis de myosotis bleus tachetés de jaune et des feuillages verts. — Broderie or soie fabriquée à la machine pour costume et ameublement. — Spécimens divers.

M. TROUVÉ. — Écu et armes des princes d'Orléans, broderie en soie et or sur fond dauphine ponceau.

M. BABEY (Charles), de Saint-Pierre-lès-Calais. — Pièce guipure faite à la mécanique, avec dessins de couleurs.
                                                  (*Don au Musée.*)

M. DUPONT et HERVÉ. — Pièce de tissus mélangés, fabrication à la Jacquart ; les fleurs qui la décorent sont du genre dit *Jean-Baptiste*.

## VITRINE 35

### (Tissus et broderies)

M. LEBORGNE. — Deux pièces de tissus mélangés, fond de toile avec ornements inspirés de dessins indiens.

M. GASNAULT. — Trois pièces de tissus japonais dans lesquelles dominent les tons bleu, jaune et or; l'étoffe de cette dernière nuance est tissée en papier doré.     (*Don au Musée.*)

M. FLIPPO BOUCHARD. — Tissu mélangé, fond toile, dont les ornements sont empruntés aux éléments décoratifs de l'Orient.

M. MAINCENT. — Trois armoiries brodées en soie et or, dont l'une en haut relief. — Divers spécimens de broderies pour costumes, or de couleurs et perles.

M. BING. — Diverses pièces de tissus japonais; nous citerons les principales. Robe représentant des poissons dans un filet d'or; le filet est en relief. — Bande d'étoffe peinte représentant une pagode dans la forêt. — Carré peint, représentant une maison dans la neige. — Carré de soie, représentant les oiseaux de l'impératrice, avec des fleurs tissées. — Carré de satin, fond brun, sur lequel se détachent des oiseaux volant sous des flocons de neige. — Lozange brodé d'or. — Etoffes peintes, représentant des sujets variés, paysages, oiseaux, insectes, bambous, chimères, etc.

## VITRINE 36

### (Tissus)

M. HARINKOUCK. — Velours fond bronze très clair, cannelé, semé de bouquets de fleurs disposés en quinconce.

M. VANOUTRYVE. — Velours rouge, ton sur ton, avec dessin représentant des vases et des fleurs disposés en quinconce, dans le goût du dix-septième siècle. — Bordure s'appliquant à l'étoffe précédente.

MM. DUCHÉ-LEGRIS. — Deux échantillons de tissus pour robe; le premier est en velours, à petit dessin sur fond de couleur bronze vert antique; le second, également en velours, est à rayures Louis XVI, à bouquets composés de fleurs variées.
(*Don au Musée.*)

M. Dumet. — Quatre copies de soieries anciennes, représentant des guirlandes de fleurs sur bleu tendre cannelé, des fleurs de pillement sur un fond crème, etc.

M. Flippo Bouchard. — Deux tissus mélangés bleu et brun, sur fond bronze. — Grande pièce de tissu exécutée en style Louis XIV sur un fond brun.

M. Babey (Charles), de Saint-Pierre-lès-Calais. — Rideau guipure avec impression et broderie mécanique.

M. Arnaud-Soumain. — Deux sièges en broderie sur satin cramoisi.

## VITRINE-TABLE 37

### (Armes)

M. H. Fauré Lepage. — Poignard ciselé et incrusté par Perrot ; la signature est inscrite à la naissance de la lame. — Platine et pontet, gravés par Plantin. — Paire de petits pistolets à canons superposés, damasquinés. — Paire de pistolets à pierre de Boutet (Versailles).— Pistolet à quatre coups, ciselé par Bled. — Fusil double ; le chien est formé par une scène de chasse richement ciselée ; sur la crosse, *Diane* et divers personnages sont figurés ; la monture en bois est décorée de feuillages et ornements divers.

M. de Saint-Albin (*Prêt de*). — Paire de pistolets de tir de Boutet (Versailles), platines très finement limées, garnitures partiellement ciselées ; canons damasquinés. Le bois est orné de sculptures.

M. Maillet du Boulay ( *Prêt de*). — Fusil simple à canon et platine incrustés d'os et crosse incrustée et garnie en argent ciselé et doré. — Fusil double à broches, gravé à fonds creux. Fait par Leroux (Exposition de 1855).

## VITRINE-TABLE 38

### (Armes)

Mme la baronne Bro de Comères (*Prêt de*). — Poignard à poignée de jade incrusté d'or ; la croix, la lame et le fourreau sont ornés de fines incrustations en or. — Poignard de style oriental à poignée ornée de rubis, lame incrustée d'or repercée à jour, et fourreau d'argent niellé à garnitures dorées. — Poignard damasquiné en or par Roucou, avec devises sur la lame. — Poignard à poignée d'ivoire incrusté de filets d'argent et lame incrustée d'or. — Poignard à lame incrustée d'or et repercée à jours ; trois petites perles mobiles sont encastrées dans un des jours. — (Toutes ces armes ont été fabriquées dans la maison Fauré-Lepage.)

## SALLE I

### DENTELLES ET BIJOUTERIE

---

### I

Dans cette salle se trouvent onze vitrines dont cinq sont affectées à la dentelle et au linge de table, les autres aux objets de bijouterie et aux éventails. Sur les murs on voit, à droite, en entrant, une paire de grands rideaux Louis XIV en guipure des Flandres, de MM. LEFÉBURE frères; ils sont surmontés d'un lambrequin, Renaissance italienne, brodé par MM. TROUVÉ frères. A gauche, une paire de grands rideaux guipure à l'aiguille, de MM. WA-RÉE; le plus près de la porte d'entrée est un rideau de vitrage brodé sur toile étamine, l'autre est en guipure aux fuseaux de Mirecourt. Sur la balustrade est un dessus de lit, également de MM. Warée, en guipure d'Irlande.

Au-dessus des vitrines de la muraille de droite on voit trois dessins de M. CHABAL-DUSSURGEY, destinés à servir de modèle à la manufacture de Beauvais pour le siège et le dossier de canapé qui se trouvent sur la paroi de face. Le dossier et le siège de canapé, exécutés par la manufacture, ont été donnés au Musée des Arts décoratifs par M. le

Ministre des Beaux-Arts. Ils sont du style Louis XVI, à fond de soie blanche et bordure rose, et ont été exécutés en 1873, le siège par MM. Martin et Langlois, le dossier par MM. Lefebvre et Serré, artistes-tapissiers de la manufacture.

Enfin, dans l'angle gauche au fond de la salle, est disposé sur un chevalet un panneau de dentelle de M. Huignard-Besnard, fabricant à Alençon et directeur des ateliers de la Compagnie des Indes; il présente les spécimens des divers points d'Alençon employés dans la fabrication moderne ou retrouvés par les efforts du fabricant sur les travaux anciens exécutés dans la ville d'Alençon; il a été offert à M. Dupont-Auberville, qui a prêté les modèles anciens d'après lesquels M. Huignard-Besnard a pu faire ses réalisations.

Les objets qui se trouvent dans les vitrines et dans les embrasures des fenêtres, sont numérotés dans le Catalogue de la bijouterie qui est ci-dessous et où on en trouvera la description.

### VITRINE 39
#### (Linge de table)

Maison Meusnier et Cᵒ. — Nappes et serviettes, genre russe, brodées en couleur. — Nappes et serviettes ornées de parties à jours, remplies par des guipures, point à l'aiguille.

### VITRINE 40.
#### (Dentelle)

M. A. Pagny. — Pointe dentelle noire de Bayeux, avec fleurs ombrées. — Volant dentelle noire de Bayeux et sa garniture de corsage. — Eventail à paysage. — Echarpe dentelle de France en fil blanc. — Diverses bandes du même travail, dont une en gros fil, avec personnages du temps de Charles VI.

## VITRINE 41

### (Dentelle)

MM. A. LEFÉBURE frères. — Echarpe dentelle noire, fond chant (carré), dessin fleuri. (Appartient à M^me la baronne Gérard.) — Echarpe dentelle fil de Bayeux. — Volant Valenciennes-Brabant avec fonds variés, genre vieille Angleterre. — Ombrelle point Colbert (appartient à M. Boucheron).— Deux bandes en point Colbert.— Ombrelle, éventail et bande en point à l'aiguille, genre des points de Burano.— Dessin de livre, en point d'Alençon, d'Argentan et Colbert, pour un des volumes de la bibliothèque du Vatican.

## VITRINE 42

### (Dentelle)

MM. WARÉE. — Large entre-deux, bordure et dessus de fauteuil en guipure à l'aiguille ornée de hauts reliefs, pour l'ameublement. — Plusieurs bandes et entoilages en fines guipures de fil. — Volants en guipure d'Irlande. — Volants en guipure aux fuseaux de Mirecourt avec reliefs à l'aiguille donnant l'effet des vieux points de Venise.

## VITRINE 43

### (Dentelle et cachemire)

M. VERDÉ-DELISLE. — COMPAGNIE DES INDES. — Echarpe dentelle de France en fil de Bayeux. — Chasuble guipure de Mirecourt. — Volant et sa garniture de corsage en dentelle noire. — Eventail en point gaze à l'aiguille.— Barbe genre vieille Angleterre. — Cachemire des Indes drapé, avec plat aiguière, fabrication d'Orient.

# II

## BIJOUTERIE

Chaque objet porte, avec le nom de l'exposant, le numéro d'ordre sous lequel il est décrit dans le présent Catalogue.

## BISSINGER

*1.* — *Une Coupe en cristal de roche taillé et gravé,*
     *avec anse.*

*2.* — *Bacchanale.*
     Camée sur sardonyx, d'après Poussin.

*3.* — *Saint Pierre délivré par l'ange.*
     Camée sur sardonyx, d'après Raphaël (grillage découpé
     dans la couche supérieure).

*4.* — *Croix.*
     Camée sur sardoine à trois couches.

*5.* — *Jupiter foudroyant les Titans.*
     Camée sur onyx à cinq couches.

*6.* — *La Danse, d'après Carpeaux.*
     Camée sur sardoine.

*7.* — *Le groupe de Laocoon.*
     Camée sur calcédoine.

*8.* — *Buste de femme.*
     Cachet en améthyste.

*9.* — *Jules César.*
     Sardoine.

*10.* — *Virgile.*
     Sardoine.

*11.* — *Sujets mythologiques.*
     Deux camées sur sardoine.

*12.* — *Naissance de Vénus*
     Onyx à deux couches.

## BOUCHERON (F.)

### 13. — Collier Carcan.

Composé d'une couronne de fleurs des champs dont les nuances ont été interprétées avec des rubis, des émeraudes et des saphirs taillés et dont les feuilles sont en diamants.

### 14. Bracelet de style grec.

Les ornements à jour sont sertis de brillants et d'émeraudes calibrées.

### 15. — Bracelet jonc méplat.

Émail queue de paon, fermoirs de diamants.

### 16. Châtelaine et Montre, en or ajouré et ciselé sur fond d'émail rouge.

Figures et ornements Renaissance.

### 17. Châtelaine et Montre en or rouge ciselé.

Motifs empruntés aux ferrures de la porte dite de Sainte-Anne, à Notre-Dame-de-Paris.

### 18. — Broche ronde Marie de Médicis.

Camée entouré d'émeraudes et de diamants.

### 19. — Petit Pendant de col.

Formé d'un trophée de guerre serti de roses, au centre duquel est un camée gravé par M. Burdy, et représentant les cuirassiers de Reichshoffen.

### 20. — Pendant de col, style Renaissance, à centre d'émeraude.

Ornements d'or mat ciselés et rehaussés d'émaux noir et blanc.

### 21. — Fleurs et feuilles de chardon.

Ce bouquet, exécuté en diamants d'après nature, se peut démonter et servir à divers ajustements de parure.

## BOUCHERON (F.)

*22. — Grands Pendants d'oreilles.*

Formés de chaînes carrées serties de roses et terminées par des perles poires.

*23. — Pendants d'oreilles.*

Composés de rubans articulés en émaux à jour et en roses.

*24. — Épingles de bonnet.*

Fleurs de pissenlit.

*25. — Flacon double en cristal de roche taillé, avec bouchons garnis de roses.*

*26. — Boîte à allumettes, en platine enveloppé d'une résille d'or sertie de roses.*

*27. — Coupe d'argent repercé, à fond d'émail limousin.*

L'émail peint par M. Alf. Meyer représente le *Feu Follet*. Les ornements d'argent pris sur pièce sont ciselés par M. Giraudon.

*28. — Bonbonnière en émail à jours et ornements sertis de roses.*

*29. — Bonbonnière en acier incrusté d'ors de couleur, par M. Tissot (Ronde d'Enfants).*

*30. — Un Vase en acier incrusté d'ors de couleur.*

Les ornements, composés dans la manière d'Etienne de Laulne, ont été exécutés par M. Tissot.

*31. — Flambeaux en argent incrusté d'or.*

Ornements à jours, pris sur pièce et ciselés par M. Brateau.

## CAILLOT, PECK ET GUILLEMIN FRÈRES

*32. — Pendant de col orné de perles.*

Style Renaissance, cariatides et ornements d'émail et d'or ciselé.

*33. — Collier Renaissance, maillons à jour garnis d'émaux.*

Ce bijou sert d'attache au pendant nº 32.

*34. — Un Pendant de col.*

Fait d'une grande fleur de lis ornée, portant au centre une couronne de comte et sertie de brillants, de perles et de roses.

## CHARDIN (VANIER)

*35. — Éventail, monture nacre et or.*

Peinture de Soldé.

*36. — Éventail, monture nacre et or.*

Peinture de Ferogio.

*37. — Éventail, nacre et or.*

Peinture de Soldé.

*38. — Éventail, nacre et or.*

Peinture, sujet flamand.

*39. — Éventail, nacre et or.*

Peinture de Constantin.

## DUMORET (H.)

*40. — Diadème en diamants, avec centre formé d'une émeraude carrée. — Style arabe.*

Cette pièce se monte également en bracelet.

## DURON

**41.** — *Aiguière de lapis, montée en or fin repoussé et émaillé.*

**42.** — *Coupe en cristal de roche, montée en or fin repoussé, ciselé et émaillé.*

Le vase de cristal gravé est ancien; le dragon ailé, la tête d'aigle, la base et la monture sont l'œuvre de M. Duron père.

**43.** — *Aiguière en lapis-lazuli.*

Reproduction de la *Nacelle* exposée au Louvre dans la galerie d'Apollon, XVII<sup>e</sup> siècle. (Voy. la notice des gemmes et joyaux, par M. Barbet de Jouy E. 242.) — (Cette copie appartient au baron Seillière.).

**44.** — *Coupe en sardoine orientale, supportée par deux sirènes d'or fin repoussé et émaillé.*

**45.** — *Vase ovoïde, formé d'un grenat que portent trois Amours.*

Les figures sont d'or fin ciselé, les guirlandes de fleurs sont émaillées.

## DUVELLEROY

**46.** — *Éventail en dentelle blanche.*

Nacre blanche découpée à la main (point à l'aiguille).

**47.** — *Éventail en ivoire.*

Découpé à la main, avec sculpture et médaillons peints. Feuille : l'*Amour coupable*, aquarelle par M<sup>me</sup> Calamatta.

**48.** — *Éventail, monture d'ivoire.*

A découpures mosaïque, travail à la main. Les deux branches principales, la *Cigale* et la *Fourmi*, sont sculptées par les frères Fannière, d'après les dessins de M. Ch. Rossigneux. — Feuille : Trois fables de La Fontaine, aquarelle par Ph. Rousseau.

## L. FÀLIZE FILS

### 49. — *Bracelet indien.*

Formé de plaques articulées, avec centres d'émeraudes. Emaux cloisonnés sur les deux faces.

### 50. — *Bracelet en émail.*

Cloisonné sur paillons, avec la devise des ducs de Bourgogne : « *Aultre n'auray tant que je vive,* » XVᵉ siècle.

### 51. — *Bracelet Renaissance.*

Imité de Virgilius Solis ; les cinq portraits en émail à paillons sont peints par Alfred Meyer, d'après les gravures du maître allemand.

### 52. — *Bracelet des Chasses de Gaston Phœbus, XIIᵉ comte de Foix, 1331-1391.*

Bijou composé d'après les miniatures d'un célèbre manuscrit du XVᵉ siècle, conservé à la Bibliothèque nationale : « *Des deduiz de la Chasse des bestes sauvàiges et des oyseaux de proie* », par Gaston Phœbus. — Or fin repoussé et émaux. — Le portrait est peint par A. Meyer. (Appartient à la princesse de B...)

### 53. — *Peigne japonais.*

Le centre, formé d'un gros rubis spinelle ou *escarboucle*, est gardé par un dragon et un long-hoang de diamants ; e fond est repercé à jours sur or et sur argent ; toutes les pièces se détachent et forment des épingles.

### 54. — *Une Enseigne : Saint-Georges.*

Or fin repoussé et cristaux de roche. — (Exécutée d'après un croquis d'Alb. Dürer.)

### 55. — *Un Pendant de col, dans la manière de* Hans Collaert (*fin du XVIᵉ siècle*).

Ors ciselés, émaux, diamants, pierres de couleur et deux grosses perles.

### 56. — *Trois Boules ajourées.*

Pour coiffure à l'italienne. Ornements émaillés et ciselés. — Style Renaissance.

**FALIZE FILS**

*57. — Bonbonnière Renaissance, aux chiffres de François Ier et de Claude de France.*

Emblèmes et ornements empruntés au château de Blois. — Emaux cloisonnés sur paillons.

*58. — Miroir de poche, style oriental.*

Email cloisonné sur paillons, or ciselé et ajouré.

*59. — Miroir de poche, Renaissance.*

Ornements ajourés et émaillés en or et en argent ciselés. Médaillon intérieur avec attributs et cette devise : « *De moi ne te plains pas, ô dame, car je te rends ce que tu me donnes.* » — L'émail limousin, d'après Solon, est peint par Alf. Meyer, et représente une escamoteuse de cœurs.

*60. — Émaux de basse-taille.*

Premiers essais de rénovation des procédés dont usaient aux XIIIe, XIVe et XVe siècles, les orfèvres, avant l'invention de la peinture sur émail. Les plus curieux échantillons anciens sont conservés au musée du Louvre, à la cathédrale d'Orvieto, et dans les collections de M. Basilewski et du baron Ad. de Rothschild.

(Voyez sur ce sujet les catalogues du baron de Laborde, de M. Alf. Darcel, l'*Histoire des Arts industriels*, de M. J. Labarte, la *Description de la Cathédrale d'Orvieto*, par M. Barbet de Jouy.)

Les types ici exposés représentent :

A. — *Une Vierge*, d'après Albert Dürer. Emaux translucides sur reliefs d'or.

B. — *Le Départ de saint Jean-Baptiste*, d'après van Eyck. Emaux translucides sur reliefs d'argent, en deux états, avant et après l'émail.

*61. — Uranie.*

Horloge dans le goût du XVIIe siècle, en or, argent, émaux, ivoire et cristal de roche. — Figures de Carrier-Belleuse. — Lapidairerie de M. Garreaud. — Horlogerie de M. H. Lioret. (Voyez la notice spéciale.)

*62. — Petite Horloge portative, en ivoire, argent et or, XIIIe siècle.*

Les médaillons sculptés représentent la Salutation angélique, les Douze Mois de l'année, les Vierges sages et les Vierges folles. — Sculpture de MM. Joindy et Baudoin. — Horlogerie de M. H. Lioret.

**FALIZE** FILS

### 63. — *Gaston IV, de Béarn, 1088-1130.*

Tableau d'or, d'argent, de bronze, de fer damasquiné et d'émail, style hispano-arabe du XIIᵉ siècle. — La figure équestre de Gaston a été modelée par E. Frémiet. — Les damasquines ont été exécutées par M. Zuloaga. — (Appartient au prince de B...)

### 64. — *Marguerite de Foix, duchesse de Bretagne, 1453-1486.*

Bas-relief repoussé sur or fin, enchâssé dans un cadre d'argent fondu et ciselé. — Marguerite de Foix, femme de François II, fut la mère d'Anne de Bretagne, reine de France. Elle est ici représentée faisant l'éducation de sa fille. — La ciselure est de M. Brateau, d'après le bas-relief de Chedeville. — (Appartient au prince de B...).

### 65. — *Gaston de Foix, duc de Nemours, 1489-1512.*

Grand émail limousin peint par M. Claudius Popelin, et monté dans un cadre repoussé en haut relief. — Ciselure de M. Honoré.

### 66. — *Marguerite de Valois, reine de Navarre, 1492-1549.*

Panneau d'orfèvrerie en or repoussé et en argent ciselé. — Au centre : le *Portrait de Marguerite.* — Au-dessus : la *Captivité de François Iᵉʳ* à Madrid et la *Fuite de Marguerite.* — Au-dessous : les *Contes de la Reine de Navarre.*
Ciseleurs : MM. Honoré, Brateau et Richard. — (Voyez la notice.)

Ces quatre panneaux présentent un intérêt tout particulier, en ce qu'ils réunissent plusieurs des procédés de travail communs à l'orfèvre et au bijoutier ; ils sont de plus un retour aux traditions du passé, alors que rivalisant avec les sculpteurs de statues et les peintres verriers, les orfèvre traduisaient en métal les scènes religieuses et profanes, et faisaient pour les demeures royales des tableaux d'or émaillé, en même temps que pour les églises ils construisaient les retables des autels.

## FONTENAY

**67. — Branche de ronce.**

Les feuilles et la tige exécutées en brillants et les mûres
en perles blanches. — Les feuilles et les fruits se démontent
à volonté et forment diadème.

**68. — Bracelet d'or.**

Chaîne souple, ornements filigranés.

**69. — Parure d'or jaune.**

Composée d'un collier, d'un bracelet formant aussi diadème et de deux pendants d'oreilles. — Les ornements sont
repercés à jour, et les contours formés d'un fil mince tordu
en corde présentent l'aspect d'une dentelle.

**70. — Collier en jade amazone et en or.**

Caractère gréco-égyptien.

**71. — Pendant de col.**

Au centre émail translucide sur fond rouge, représentant
la *Gloire;* monture en or jaune, en forme de portique à
colonnes, style Renaissance, ornements en roses. — Émail
de M. Richet.

**72. — Pendant de col.**

Au centre émail translucide sur fond rouge, représentant *Cléopâtre;* monture brillants, roses et émaux, style
égyptien. — Email de M. Richet.

**73. — Médaillon ovale.**

Au centre un émail aux fonds mats, dont le sujet se
découpe sur un fond bleu de ciel, le tout soutenu par un
tour filigrané. La charnière est formée par un enroulement
de lierres. — Email de M. Richet.

**74. — Médaillon ovale.**

Le centre est occupé par un camée gravé sur labrador,
le tour est d'un travail filigrané, un enroulement de lotus
forme la charnière.

## FONTENAY

### 75. — *Brûle-parfum, de style Renaissance, exécuté en or fin massif.*

Le vase, en forme d'œuf, est porté par des arabesques
de gnomes et de dauphins, émergeant d'une plate-forme
octogone en lapis-lazuli, agrémentée d'ornementations en
or; la panse est décorée de quatre plaquettes en émaux
translucides à fonds rouges : la *Bataille* (Pugna) est représentée en opposition au *Travail* (Labor); l'*Amour*
(Amor) en opposition au *Plaisir* (Volup.). Les tons ardents
des émaux sur or fin s'enlèvent sur le fond du vase fait
d'une dentelle d'or à tons froids, posée sur émail gris; le
dessin de la dentelle est formé par de petits fils tordus en
cordes rapportées à la main.

Quatre sirènes élèvent le tout au-dessus de leurs têtes,
les jupes, les ceintures et les diadèmes ont été exécutés en
grains et en cordes et soudés ensuite sur les figurines.

Le caractère particulier de cette pièce est l'emploi du
filigrane, appliqué dans toutes les parties où il a été possible de le substituer à la ciselure. — Les émaux sont de
M. Richet.

## A. FOUQUET

### 76. — *Diadème Renaissance.*

Centre formé d'un saphir et supporté par deux Chimères
en diamants. — Ce qu'il faut remarquer dans cette pièce,
c'est l'art avec lequel le joaillier a su, malgré la transpa-
rence du diamant et les difficultés du serti, conserver le
modelé des formes.

### 77. — *Bracelet en Diamants.*

Modèle guipure à festons.

### 78. — *Bracelet souple en diamants et perles pointées.*

Formant aussi collier et bandeau.

### 79. — *Grande Broche Renaissance.*

Le médaillon central, composé d'un saphir entouré de
brillants, est supporté par deux sirènes ailées en or ciselé

## A. FOUQUET

*80. — Breloquet et Montre en or ciselé.*

Un sphinx accroupi supporte, avec l'une de ses pattes, la chaîne qui retient la montre.

*81. — Châtelaine Bianca Capello.*

Bijou d'or ciselé orné de masques et de griffons, où s'inscrit le portrait en émail de la belle Vénitienne ; — La montre est ornée également d'un émail peint qu'encadrent des Chimères ciselées.— Emaux peints par Grandhomme.

## GALLERAND

*82. — Tabatière en jaspe, avec monture d'or.*

*83. — Porte-cigarettes en argent, gravé à l'eau-forte.*

*84. — Tabatière en argent, gravée à l'eau-forte.*

*85. — Boîte à tabac, en argent niellé.*

Sujet d'après Teniers.

## ALEXANDRE (Mme GUÉRIN)

*86. — Eventail, monture en burgau, incrustée de nacre noire.*

Dentelle de Lefébure frères.

*87. — Eventail, monture d'ivoire sculpté, ronde d'Amours.*

Dessin de Rambert.

*88. — Éventail, monture de nacre blanche sculptée.*

Amours peints par Donzel.

*89. — Éventail, monture en ivoire.*

Peint par Moreau.

## ALEXANDRE (Mme GUÉRIN)

*90.* — *Éventail, monture d'écaille, incrustée d'or.*
Peinture de Wild.

*91.* — *Éventail, monture d'ivoire.*
Sculpté par Norest, pierres fines.

*92.* — *Feuille d'éventail, non montée.*
Peinture de Beaumont.

*93.* — *Feuille d'éventail, non montée.*
Peinture de Tony Faivre.

## HAMELIN (P.)

*94.* — *Grande Fleur de lis, ornée de trois perles de fantaisie, de brillants et de ciselure.*
Ce bijou sert à la fois de broche et de pendant.

*95.* — *Petite Châtelaine, avec boîte de montre, en or ciselé.*
Style Henri II. — Sur la plaque : *Uranie;* sur la monture : le coq de la *Vigilance.*

*96.* — *Éventail à montures d'écaille.*
Avec application d'ors de couleur ciselés. — Style Louis XVI.

*97.* — *Cachet à base de lapis.*
Fait d'une perle et surmonté d'un buste de femme en or ciselé.

*98.* — *Un Porte-fleurs.*
Le cornet, en cristal à côtes, est supporté par un pied d'or fin ciselé, décoré de trois dauphins et d'ornements en émaux rehaussés. — Style Renaissance.

*99.* — *Garniture d'ombrelle.*
En or, enrichi de roses et décoré d'émaux sur paillons. – Genre oriental.

### Vᶜ HÉROS-MAISONHAUTE

**100.** — *Bonbonnière ronde, en or ciselé et ajouré, avec décor d'émail et de diamants.*

### HUBERT (L.)

**101.** — *Vase en cristal de roche, or, argent et émaux, porté par un socle de porphyre et d'argent.*

Les ornements, en émail translucide sur or fin, sont incrustés dans le cristal, avec parties modelées en relief. — Style de la Renaissance italienne.

### JARRY AINÉ

**102.** — *Manche de fouet, à tête de chien, argent.*

**103.** — *Pommeau de cravache, tête de levrette, argent.*

**104.** — *Pomme de canne, argent avec applique d'or.*

**105.** — *Pomme de canne, en or ciselé.*

Style Louis XVI.

**106.** — *Face à main, en or gravé.*

**107.** — *Face à main, en or gravé.*

### JEAN (CHARLES)

**108.** — *Petite Pendule de voyage, en argent ciselé, avec panneau d'émail.*

### LEROY ET FILS

**109.** — *Montre de femme.*

Boîtier d'or repoussé et ciselé dans le goût des montres Louis XV.

## LEROY ET FILS

**110. — Montre d'homme.**

Boîtier d'or et d'argent, avec cadran gravé et fond
décoré d'ornements pris sur pièces et ciselés. — Genre
Renaissance.

**111. — Fond de Montre avec chiffre ciselé sur
argent.**

## MARRET FRÈRES

**112. — Branche et Grappe d'acacia, pour coiffure.**

Le mérite du joaillier est d'avoir rendu avec une
grande fidélité la nature et d'avoir heureusement inter-
prété les couleurs de la fleur avec des diamants de nuances diverses et des métaux variés.

**113. — Flacon Louis XVI.**

Cristal de roche et ors de couleur ciselés.

## MASSIN (O.)

**114. — Coiffure de Fleurs d'azalées, en brillants.**

Les fleurs exécutées en argent et le feuillage en or vert
se démontent et forment quatre pièces distinctes, propres
à différents usages de parure.

**115. — Une Rose-Thé, en brillants; Fleur pour le
corsage et la coiffure.**

Premier échantillon d'un tel travail, cette pièce de
joaillerie offre la double particularité d'être exécutée complètement en ronde-bosse et d'avoir les brillants sertis de
telle sorte que la table en dessus et la culasse facettée en
dessous offrent l'aspect de deux diamants superposés.

**116. — Grande Parure Chimères, en diamants et or
ciselé.**

**117 — Un Ornement de coiffure, Serpent en diamants
et perles grises.**

## MASSIN (O.)

*118.* — *Bracelet en diamants, composé dans le goût des broderies anglaises.*

Ce bijou, bien que les emmaillements en soient complètement invisibles, est doué d'une grande souplesse qui permet de l'utiliser en bandeau et en collier.

*119.* — *Groupe de Fleurs des champs.*

Composé de : Une graminée fleurie, une graminée en ors de couleur, une fleur de mauve. — Chacun des motifs du groupe peut se porter séparément.

*120.* — *Feuilles de Chêne.*

Groupe de feuilles en diamants et de glands en perles formant coiffure ou plaque de corsage.

*121.* — *Nœud de Dentelle.*

Pièce de corsage propre à divers emplois dans la parure. — Essai de broderie en diamants sur fond de tulle métallique dans le goût des dentelles en application.

*122.* — *Grande Pensée.*

Exécutée d'après nature, en améthystes de Sibérie et en diamants, et attachée par un nœud de guipure.

*123.* — *Bracelet à Palmes persanes, en diamants.*

Corps souple se pouvant employer en collier et en coiffure.

*124.* — *Ornement de Tête, de style arabe.*

Ce bijou exécuté en brillants se décompose en trois pièces, savoir :
Un pendant de col. — Une paire de boucles d'oreilles avec grandes pendeloques. — Une flèche pour la coiffure.
N. B. — Les cinq pièces ci-dessus, portant les nos 120, 121, 122, 123 et 124, sont les premières où ait été appliqué le filigrane dans la monture des diamants.
                              (*Fabrication brevetée*).

*125.* — *Joaillerie pour l'ornementation du costume.* (*Invention et fabrication brevetées*).

Echantillon A. — *Velours brodé au point vénitien* de Trèfles en diamants pour garniture de robe, ceinture, etc.
Echantillon B. — *Dentelle festonnée*, (type de l'application sur tulle), pour garniture de robes, tour de col, etc.

## MASSIN (O.)

### *126. — Joaillerie en préparation.*

A. — *Bouquet de Primevères*, fleurs en argent, feuilles en or, se démontant pour divers usages de parure.

B. — *Couronne Pompadour*. (Eglantines et narcisse). Cette pièce de coiffure et de corsage se démonte et forme deux aigrettes et un nœud.

C'est afin de montrer quel progrès a fait de nos jours la joaillerie et d'indiquer les moyens de fabrication que sont exposés ces deux types inachevés.

Aucune des pièces n'est obtenue par les procédés de la fonte et de l'estampage; chaque feuille, chaque pétale est découpée à la scie dans une plaque d'argent fin doublée d'or. Le modelé en est obtenu au marteau, la correction des contours à la lime; toutes les pièces sont alors groupées sur des branches disposées pour les recevoir : c'est là la partie la plus intéressante et la plus difficile de l'art du joaillier. L'achèvement consiste à percer de trous les surfaces suivant la grosseur des pierres, à polir la matière dont il ne reste plus enfin qu'une sorte de réseau, dont les fines cloisons servent à sertir en dernier lieu les diamants.

## MELLERIO DITS MELLER, FRÈRES ET FILS

### *127. — Un Pendant de Col, en forme d'amulette.*

Sur un pavé de brillants et de roses, cerclé de saphirs et d'émeraudes taillés, se détache un buste de Diane découpé et gravé dans une topaze.

### *128. — Pendant de Col.*

Une Diane chasseresse, gravée sur une topaze chevée en forme de coquille, s'inscrit dans un portique d'émeraudes et de diamants, sous lequel sont suspendues trois perles.

### *129. — Châtelaine et boîte à montre, en or ajouré et ciselé, avec chatons de rubis et d'émeraudes.*

Les deux camées à fond noir représentent l'Aurore et le Crépuscule, le coq et le hibou servent de supports; au sommet un petit Génie, frappant sur des cloches, symbolise la *Vigilance*.

## MERCIER

*130. — Une Tabatière en corne de rhinocéros.*

*131. — Une Tabatière en corne marbrée, intérieur d'écaille, filets d'or.*

*132. — Une Tabatière en écaille, piquée d'or.*

## MEYER (ALFRED)

*133. — Portrait de Constance de Rangone.*

Email genre Limoges à paillons d'or et de platine colorés par des émaux translucides.

*134. — Coupe en émail.*

Apollon dispersant les mauvaises saisons (original). La monture est d'or.

*135. — Portrait de M<sup>me</sup> M... L...*

*136. — Petit Bacchus.*

D'après une pierre antique. — Émail sur or fin.

*137. — Vénus.*

Original. — Émail sur or fin.

*138. — Tête antique.*

Émail sur or fin.

*139. — Eurydice. — Médaillon.*

Email sur or fin. — Monture de Falize. — Les grisailles sont obtenues à l'aide des émaux fabriqués par M. Meyer; la tonalité des blancs est la même que celle des émaux du XVI<sup>e</sup> siècle, et, après analyse, M. Meyer prétend en avoir retrouvé la composition exacte.

## PETIT FILS

*140. — Une petite Statuette égyptienne.*

En jaspe rouge, sculpté et habillé d'or ciselé et émaillé. Socle en lapis et en or. — La sculpture est de M. François.

## PETIT. FILS

*141. — Tête de Méduse, camée.*

*142. — Prométhée, camée.*

*143. — L'Invocation, grand camée.*

*144. — Parure égyptienne, en or émaillé.*

## PHILIPPI

*145. — Flacon néo-grec, en cristal, avec garniture d'or mat.*

*146. — Flacon Renaissance, en cristal, en or et argent ciselés et émaillés.*

Fermetures brevetées.

## M<sup>me</sup> RODIEN

*147. — Éventail en nacre noire, repercée avec dessins d'or.*

Dentelle noire de MM. Lefébure, frères.

*148. — Éventail, monture en ivoire sculpté.*

Dentelle blanche, point à l'aiguille.

## ROUVENAT ET CH. LOURDEL

*149. — Pendant de Col, joaillerie.*

Ornements fins sertis en brillants et tenant un gros diamant et une briolette de fantaisie.

*150. — Agrafe de Manteau, style Louis XIII.*

Emeraudes et roses, or et argent ajourés.

*151. — Pendants d'Oreilles, joaillerie, genre guipure à points coupés.*

*152. — Collier de style Renaissance.*

Avec camées copiés sur ceux du cabinet des médailles. — Montures d'or et d'argent, de perles et de roses.

## SANDOZ (G.)

*153. — Châtelaine en acier damasquiné d'or.*

*154. — Montre en argent.*
Décor à fonds descendus à l'acide.

*155. — Montre et Chaîne en argent.*
Décorés d'ornements d'or, soudés et ciselés.

*156. — Un Porte-Bouquet.*
Argent et or rouge.

*157. — Châtelaine et Montre en émaux.*
Sur paillons avec appliques en roses.

*158. — Collier en passements de diamants.*
Agrémentés de chatons de brillants suspendus.

*158 bis. — Chaîne et crochet en or et argent-oxydé.*
Plaque lapis.

## SCHMOLL

*159. — La Liberté.*
Camée gravé d'après nature sur cornaline.

*160. — Amalthée.*
D'après un Pierre Julien, de la collection du Louvre. —
Camée sur sardoine à deux couches.

*161. — Virgile, Dante et Pétrarque.*
Camée à couches.

*162. — Mars et Minerve.*
Camée sur sardoine à quatre couches.

*163. — Charlotte Corday.*
Camée sur jaspe rouge à deux couches.

## SCHMOLL

*164. — Pâris et les trois Grâces.*

Camée à fond rouge.

*165. — Mozart et Beethoven.*

Camée sur pierre verte à fond blanc transparent.

## SOUFFLOT FILS ET ROBERT

*166. — Branche de Noisetier.*

Pièce de corsage en joaillerie, exécutée d'après nature.— Les feuilles d'argent serties de brillants ont leurs nervures à jour; les fruits sont d'or ciselé, et leurs enveloppes d'or vert sont garnies de roses.

## TETERGER (HIP.)

*167. — Châtelaine Renaissance en or ciselé, émaux et ornements de diamants sertis sur platine.*

L'attache, faite de deux griffons d'or, supporte, par un ornement de diamants, une montre décorée d'émaux et de pierres qu'encadrent deux sirènes d'or ciselé.

*168. — Bracelet Renaissance.*

A mascarons d'or ciselé, alternant avec des ornements à jour émaillés et des fleurettes en diamants. (Appartient à M^me Dubois.)

## TIFFANY ET C^ie

*169. — Copie du Trésor de Curium, découvert par le général Cesnola, dans l'île de Chypre.*

C'est sous les auspices du Musée métropolitain de New-York, qui possède la collection originale, qu'a été faite la reproduction en or fin des 128 Bijoux antiques.

## VAUBOURZEIX

*170. — Ornement pour la coiffure.*

Composé d'un dragon, de style Renaissance, entièrement serti de brillants. — Collaborateur : M. Honoré, ciseleur.

## VAUBOURZEIX

*171.* — *Plaque de col, faite d'une Tête de Minerve.*

Les chairs sont taillées dans un grenat, le casque et l'ajustement sont d'or décoré de ciselures et de diamants.

*172.* — *Un grand Pendant Renaissance, imité d'Étienne de Laulne.*

Travail de bijouterie exécuté en or émaillé, avec tables et pierres de couleur. — Figurines d'or fin ciselées et peintes sur émail. — Ciselure de Brateau. — Email de Gagneré.

## VAUDET

*173.* — *Cadre renfermant neuf camées:*

A. — Henri IV et Marie de Médicis. — Sur onyx.

B. — Pandore transportée par Mercure vers Epiméthée. — Sur onyx.

C. — Sapho et l'Amour.—Modèle original sur cornaline.

D. — Portrait sur agathe.

E. — Tête, Renaissance. — Sur sardoine.

F. — Deux Masques. — Sur onyx

G. — Tête égyptienne. — Sur sardoine.

H. — Tête de femme.—Sur cornaline (style XVIe siècle).

I. — Tête de femme. — Sur onyx (genre XVIe siècle).

## VERNIER

*174.* — *Petit Tableau en tôle repoussée et en fer taillé et ciselé sur pièce, dans la manière de la Renaissance allemande.*

Le porte-enseigne du centre est copié d'après Alb. Dürer, les ornements et les figures du cadre sont inspirés des dessins du même maître, les reliefs sont réservés sur fond damasquiné d'or.

## VÉVER

*175.* — *Collier souple, composé de ferrets en diamants et d'une alternance de perles et de chatons en brillants.*

7

# CATALOGUE DES PEINTURES

## CARTONS, ESQUISSES, ETC.

---

### BARRIAS (FÉLIX-JOSEPH)

*1. — La Sainte Trinité; les Sacrements du chrétien.*

Esquisse pour la décoration du pignon nord de l'église de la Trinité, à Paris.

*2. — Les Arts.*

Esquisse d'une grande frise de 162 pieds, exécutée à Londres au palais de *Grosvenor House* pour le duc de Westminster.

### BELLEL (J.-J.)

*3. — La Solitude.*

Esquisse peinte d'un panneau décoratif (tiers de l'exécution).

*4. — Cadre contenant 3 dessins, projets de panneaux décoratifs.*

*5. — Le Joueur de flûte.*

Dessin au fusain; projet d'un panneau décoratif.

### BIN (EMILE)

*6. — L'Harmonie.*

Esquisse pour le plafond de la salle à manger du palais de la Légion d'honneur.

*7. — L'Illyssus.*

Fragment de la décoration de la grande salle de l'Ecole polytechnique de Zurich.

*8. — 1° Melpomène.*

## BIN (MICHEL)

*9.* — 2° *Thalie.*

*10.* — 3° *La Vendange.*

*11.* — 4° *Le Travail.*

Ces quatre figures décoratives ont été faites pour la grande coupole du théâtre de Reims.

*12.* — *Projet de plafond pour le théâtre de Reims.*

## BOULANGER (GUSTAVE)

*13.* — *Esquisse d'un des panneaux du plafond du théâtre de Monte-Carlo.*

*14-17.* — *Quatre études.*

Carton pour le foyer de la danse de l'Opéra. — (Moitié de la grandeur d'exécution).

## CABANEL (ALEXANDRE)
### Membre de l'Institut.

*18.* — *Le Triomphe de Flore.*

Esquisse de son plafond du Pavillon de Flore.

## CAMBON (CHARLES-ANTOINE)
### Né à Paris en 1802 ; mort le 20 octobre 1875.

*19.* — *La Cathédrale de Reims.*

Esquisse de décoration théâtrale pour l'opéra de *Jeanne d'Arc.*

*20.* — *Le Siège d'Orléans.*

Esquisse de décoration théâtrale pour l'opéra de *Jeanne d'Arc.*

*21.* — *Décor de la* Favorite.

*22.* — *Décor de l'*Étoile de Messine.

Appartiennent à M. Denuelle.

## CARPEZAT

*23. — Projets de décors inédits pour l'Opéra.*

## CAZES (ROMAIN)

*24. — Carton de peintures murales.*

Exécutées dans la coupole de l'Eglise N.-D. de Bordeaux.

*25. — Cartons de peintures murales.*

Exécutées dans le chœur de l'église Saint-François-Xavier à Paris.

*26. — La Mission des Apôtres ; dessin.*

Reproduction d'un tableau détruit, destiné primitivement à la décoration du chœur de l'église Saint-François-Xavier à Paris.

## CHAPERON

*27. — Une rue à Valence.*

Dessin.

*28. — Forteresse.*

Fusain.

*29. — Hamlet, décor du 1ᵉʳ acte de l'opéra; 2ᵉ tableau.*

*30. — Saint-Germain-des-Prés à Paris.*

Gouache.

*31. — Décor pour l'opéra de Mireille.*

Gouache.

*32. — Décor pour Lara.*

Gouache.

*33. — Décor pour Roméo et Juliette.*

Gouache.

*34. — Décor pour le Voyage en Chine.*

Gouache.

*35, 36, 37. — Montigny-sur-Loing.*

## COLLINOT (E).

*38.* — *Sanctuaire de la mosquée d'El Moyel (Caire).*
Aquarelle.

*38ª.* — *Intérieur de la mosquée (Caire, 1544).*
Aquarelle.

*38ᵇ.* — *Mosquée et tombeau de Mohmoud Giouli,*
*(Caire).*
Aquarelle.

*38ᶜ.* — *Intérieur du Khan, près du Grand-Bazar, au*
*Caire.*
Aquarelle.

*38ᵈ.* — *Intérieur de la cour d'un quartier arabe.*
Aquarelle.

*38ᵉ.* — *Fontaine à Constantinople.*
Aquarelle.

*38ᶠ.* — *Kiosque de Hussim-Pacha.*
Aquarelle.

*38ᵍ.* — Idem.

*38ʰ.* — *Intérieur d'une maison turque.*
Aquarelle.

*38ⁱ.* — *Atrium du palais Foscari.*
Aquarelle.

*38ʲ.* — *Galerie du palais Foscari.*
Aquarelle.

## DARAN (E.)

*39.* — *Salon des* Huguenots.
4e acte.

*40.* — *Le Fandango.*
1er projet.

## DARAN (E.)

*41. — Le Comte Ory.*

Projet pour le 1ᵉʳ acte.

*42. — Le Comte Ory.*

Projet pour le 1ᵉʳ acte.

*43. — La Favorite.*

Projet pour le 3ᵉ acte.

*44. — Polyeucte.*

Projet pour le 1ᵉʳ acte.

## DELAUNAY (ELIE)

*45. — Les Beaux-Arts.*

Figures décoratives pour la voussure de la salle d'Assemblée générale du conseil d'Etat (Palais-Royal).

*46. — La Marine.*

Pour la même salle que les précédentes.

## DENUELLE

*47. — Voûte de la sacristie de l'église Saint-Marc de Venise.*

Mosaïque.

*48. — Voûte d'une des stanze du Vatican (salle de l'École d'Athènes, fresque de Raphaël).*

*49. — Église Saint-Paul de Nîmes.*

Décoration du chœur (coupes longitudinales et transversales). — Architecture de M. Ch. Questel; peintures historiques de Hippolyte Flandrin.

*50 — Hôtel Schneider.*

Décoration du boudoir. — Architecture de M. Antoine Bailly.

## DENUELLE

**51. — Cathédrale de Strasbourg.**

Avant-projet de décoration du chœur.

**52. — Cathédrale de Limoges.**

Décoration de la chapelle de la Vierge.

**53. — Cadre contenant deux dessins.**

1º Hôtel de ville de Lyon, plafond de la chambre à coucher de l'Impératrice. — Architecture de M. Desjardins.
2º Hôtel Pereire, plafond d'un des salons de réception. — Architecture de M. Arsseaud.

**54. — Hôtel de ville de Lyon.**

Architecture de M. Desjardins.

**55. — Eglise de la Trinité à Paris.**

Décoration de la chapelle de la Vierge; coupés longitudinales. — Architecture de M. Ballu; peintures d'histoire de MM. Delaunay et Lang.

**56. — Palais de justice de Paris.**

Décoration de la Cour d'assises. — Architecture de M. Duc.

**57. — Tribunal de Commerce de Paris.**

Décoration du plafond de la grande salle. — Architecture de M. Bailly.

**58. — Portant-meuble.**

Il contient 22 études de décorations relevées en France et en Italie, et 40 projets de décorations exécutées dans des édifices publics et privés.

## DIÉTERLE (JULES)

**59. — Dessins pour divers décorations.**

## FAIVRE-DUFFER

*60, 61, 62, 63.* — *Quatre cartons pour la décoration du château d'Anet.*

*64, 65.* — *Deux cartons de décoration pour une chapelle de l'église Saint-Laurent.*

## FROMENT (EUGÈNE)

*66.* — *Amor omnia vincit improbus.*

Frise pour la décoration d'un vase : d'un côté l'Amour, armé par des jeunes gens, monte à l'assaut ; de l'autre des femmes s'abritent en vain derrière des masques.

*67, 68.* — Ad alta, *et Printemps et Hiver.*

Dessins pour décoration de vases.

## GALLAND (P.-V.)

*69.* — *Compositions ornementales.*

Esquisses de peintures exécutées dans divers hôtels.

*70.* — *Figures ; compositions de plafonds, panneaux décoratifs.*

Diverses esquisses de peintures exécutées dans les hôtels de Mᵐᵉ de Cassin, de Mᵐᵉ de Rothschild, etc.

*71.* — *Etudes de plantes.*

Interprétation ornementale.

*72.* — *Etudes et croquis pour la « Prédication de Saint-Denis ».* (*Panthéon*).

*73.* — *Photographie du plafond* (*les Cinq Sens*).

Exécuté chez Mᵐᵉ de Cassin à Paris. — Les quatre figures en camaïeu sont le GOUT, la VUE, l'OUIE et l'ODORAT.

## GALLAND (P.-V.)

**74. — 1° La Réception.**
   **2° La Fête.**

Photographies des peintures exécutées dans le grand escalier d'honneur du palais du prince B. Narishkine (Saint-Pétersbourg). — Les figures du premier plan sont de grandeur naturelle).

**75. — 1° Les Quatre Saisons.**
   **2° Les Quatre Éléments.**

Photographies des peintures exécutées pour M. Matthews à New-York.

**76. — Photographie d'une figure d'un plafond.**

Exécuté chez M. Cail.

**77. — La Chasse.**

Photographie d'une peinture exécutée au château de M. Grandval, à Marseille.

**78. — Photographies de diverses peintures exécutées dans divers hôtels.**

**79. — La Renaissance.**

Motif de décoration d'une voussure.

**80. — Motif d'un plafond exécuté chez M. Von Dervis, à Nice.**

**81. — Esquisse de plafond pour un escalier.**

**82. — Études pour la « Prédication de Saint-Denis » (Panthéon).**

(Voir les dessins, numéro 72).

**83. — Fête Vénitienne.**

Esquisse pour une tapisserie.

**84. — Esquisse des peintures exécutées au palais du prince B. Narishkine.**

(Voir aux dessins, numéro 74).

**85. — Diverses esquisses de plafonds et panneaux.**

**86. — Modèles des bordures encadrant les peintures murales du Panthéon.**

## GATTICKER

87. — *Couronne de Fleurs.*
     Modèle de dessin pour l'industrie (tissu).

## GÉROME
### Membre de l'Institut

88. — *Carton peint d'une frise commémorative de l'Exposition universelle de 1852 exécutée à la manufacture de Sèvres sur un grand vase donné en cadeau à la reine d'Angleterre.*

## GOSSE (CÉLESTIN)

89. — *Salle à manger.*

90. — *Cabinet de toilette.*

91. — *Chambre à coucher.*

92. — *Cabinet de toilette.*
     Esquisses décoratives.

## GUIFFARD (D.-H.)

93. — *Décoration intérieure du château de Chantilly.*
     Trois maquettes. — Architecture de M. Daumet.

94. — *Décoration d'une partie de mur de la galerie des Cerfs, au palais de Fontainebleau.*

## HESSE (ALEXANDRE)
### Membre de l'Institut

95 — *Esquisse du plafond de la grande salle de la Bourse de Lyon.*
     Appartient à M. Denuelle.

## HIRSCH (ALEXANDRE-AUGUSTE)

96. — *Esquisse du plafond du théâtre des Célestins, à Lyon.*

Au cinquième de l'exécution.

## JOBBÉ-DUVAL

97. — *Le Soupir du Christ.*

Esquisse; projet de décoration du transept de l'église Saint-Sulpice.

98. — *La Résurrection.*

Esquisse; projet de décoration du transept de l'église Saint-Sulpice.

99. — *Hébé servant Vénus.*

Esquisse d'un plafond d'appartement.

100. — *Esquisse du plafond de la cinquième chambre du palais de justice de Rennes.*

101. — *Esquisse des « Mystères de Bacchus. »*

## LACOSTE (CHEVEU)

102. — *Modèle pour décor de vase, représentant un* Héron.

103. — *Modèle pour décor de vase, style persan.*

104. — *Modèle de décor pour plateau porcelaine, sujet japonais.*

105. — *Paysage d'hiver de style japonais.*

Modèle de décor pour plateau.

## LAMEIRE (CHARLES-JOSEPH)

*106, 107, 108, 109. — Projet de décoration pour l'église de Saint-Front, cathédrale de Périgueux.*

1º Plans des voûtes et du parvis de l'église;
2º Grande coupe longitudinale;
3º Pieds droits et arcs doubleaux développés;
4º Coupole du chevet.

*110. — Modèle de tapisserie pour les Gobelins, destinée à la basilique de Sainte-Geneviève (Panthéon).*

*111, 112. — Spécimens de décorations exécutées dans divers hôtels de Paris.*

*113, 114. — Grand Tympan de la salle d'harmonie du palais du Trocadéro.*

1º Photographie d'ensemble.
2º Détails d'une des figures du tympan.
2º Poncis ayant servi pour l'exécution sur place.

*115-124. — Le Catholicon; projet de décoration intérieure d'une église, puisé en partie dans l'Apocalypse.*

1º Conque de l'abside développé. Le *Christ vainqueur*, projection des voûtes; plan du pavage.

2º Vue perspective du chevet et de l'arc triomphal. Au centre de la voûte : la *Mer de verre*, l'*Agneau aux sept cornes*, accompagné de quatre animaux symboliques. Sur les arétiers, les *Quatre anges retenant captifs les vents aux quatre coins du monde*. Sur les murs de l'arc triomphal, les *Vingt-quatre vieillards*; l'*Autel de Dieu*; la *Femme vainqueur du dragon*; la nouvelle Jérusalem qui descend du ciel. Sur les pieds droits, les *Deux apôtres*. Sur les tympans, les *Quatre cavaliers*, etc.

3º Détails de la voûte, du tympan, des archivoltes, etc.
4º Elévation et plan de l'autel et du liborium. — Les quatre lions de bronze figurent les quatre docteurs de l'Eglise.

## LAMEIRE (CHARLES-JOSEPH)

5º Coupe fuyante de la nef. La frise qui surmonte la galerie du triforium représente les *Invasions des barbares* et l'*Empire de Byzance*.

6º Grande coupe longitudinale de l'abside, de la croisée et de la nef.

7º Vue perspective de l'autel, du liborium et de l'abside.

8º et 9º Fragment de frise représentant les Mérovingiens, les Carlovingiens, les Capétiens, les Valois, les Bourbons et Napoléon.

10º Reliquaire de saint Jean l'Apocalyptique. Plans, coupe et élévation du porche. Vue perspective de l'intérieur du porche, un des piliers d'angle supprimé.

11º Sommet du porche. Un ange à cheval élève le Labarum triomphant. A ses pieds les têtes colossales des quatre grandes Divinités que le Christianisme à vaincues ou poursuit encore : Jupiter, pour l'Europe; Bouddha, pour l'Asie; Isis, pour l'Afrique; et Huitzilopuchtli pour l'Amérique.

## LANDELLE (CHARLES)

*125.* — *Le Songe de saint Joseph (la révélation du mystère de l'Incarnation).*

*126.* — *La Mort de saint Joseph.*

Esquisses pour la décoration de la chapelle Saint-Joseph à l'église de Saint-Sulpice, à Paris (1875).

## LAUGÉE

*127.* — *Deux aquarelles.*

Projets pour les peintures de l'église de la Trinité.

*128.* — *Deux aquarelles.*

Projets pour les peintures de l'église Sainte-Clotilde.

## LAVASTRE (AINÉ)

*129.* — *Place publique.*

Projet de décoration théâtrale.

## LAVASTRE (AINÉ)

*130. — Projet de décoration à exécuter pour l'église de Montmartre.*

*131. — Palais mauresque.*

Décoration inédite.

*132. — Rideau d'avant-scène, dit de « manœuvre. »*

Exécuté pour le théâtre de Somerany (Inde).

*133. — Devant Perpignan.*

Décoration inédite pour l'opéra-comique de *Cinq-Mars.*

## LÉVY (ÉMILE)

*134. — Présentation de la Vierge au Temple.*

Carton de la peinture murale exécutée dans la chapelle de la Vierge, à l'église de la Trinité (1866).

*135. — Les Quatre Ages de la vie.*

Cartons de quatre dessus de portes exécutés à l'hôtel Furtado (1859).

*136. — Sujet tiré de l'histoire de Psyché et l'Amour.*

Cartons de quatre dessus de portes, exécutés à l'hôtel Constant Say (1861).

*137. — Carton de quatre figures d'enfants.*

Exécutées (1864) dans une des salles du Grand café (boulevard des Capucines).

*138. — La Demande en mariage; la Fête du mariage; la Famille.*

Carton des 3 peintures exécutées pour la salle des mariages à la mairie du viie arrondissement (1878).

## LÉVY (ÉMILE)

*139. — Les Astres.*

Carton de la peinture exécutée en camaïeu bleu, dans la coupole du salon de famille au ministère d'Etat (Palais des Tuileries, 1861).

*140. — La Ville de Paris accueillant les peuples étrangers.*

Esquisse peinte de la décoration du plafond d'une des salles du Grand café (1864), boulevard des Capucines.

*141. — La Présentation de la Vierge au Temple.*

Esquisse peinte de la décoration d'un des côtés de la chapelle de la Vierge, à l'église de la Trinité (1866).

*142. — Un Mois d'hiver; les Patineurs.*

Dessus de portes; camaïeu rehaussé d'or.

*143. — Un Mois d'hiver; les Bûcherons.*

Camaïeu rehaussé d'or.

## LUMINAIS

*144. — Esquisse d'un panneau décoratif peint à l'Hôtel continental.*

*145. — Chasse sous Louis XIII.*

Esquisse d'un panneau décoratif exécuté chez le vicomte de C...

*146. — Bataille d'Auray.*

Esquisse d'un panneau décoratif exécuté pour M. le baron de R...

## MAZEROLLE

*147. — Les Fées du dessert.*

Panneau décoratif ayant servi de modèle pour la nappe exécutée par la grande maison de blanc Meusnier, et donnée au Musée des Arts décoratifs.

## MAZEROLLE

*148. — La Chasse aux papillons.*

Modèle d'un rideau exécuté par M. Meusnier.

*149. — La Poésie légère.*

Maquette du rideau de la salle du théâtre du cercle de l'Union artistique.

## MEUSNIER (GEORGES)

*150. — Panneau, fusain.*

## ORSEL (FEU VICTOR)
Né à Oullins en 1795 ; mort à Paris le 1er novembre 1850.

*151. — Vœu à Notre-Dame de Fourvières (cho-léra de 1832).*

Carton au quart de la grandeur du tableau.

*152. — Dominationes.*

Les Dominations commandant aux autres anges. (La Reine des anges.)

*153. — Virtutes.*

Les Vertus président aux prodiges. Un ange tient l'étoile des mages. (La Reine des anges).

*154. — Archangeli.*

Les Archanges protègent les souverains. (La Reine des anges).

*155. — Isaias.*

Isaïe annonce la Vierge qui enfantera. (La Reine des prophètes).

*156. — Daniel.*

Daniel au milieu des lions glorifie Dieu. (La Reine des prophètes).

## ORSEL (FEU VICTOR)

**157. — Jérémie.**

Jérémie pleure sur les ruines de Jérusalem. (La Reine des prophètes).

**158. — Éléazar.**

Éléazar confesseur de l'ancien Testament. (La Reine des confesseurs).

**159. — La Mère des Machabées.**

La Mère des Machabées regarde à ses pieds la tête de ses fils. (Reine des confesseurs).

**160. — Saint Cyrille.**

Saint Cyrille montrant la croix lumineuse au ciel et le feu sortant des fondements du temple. (Reine des confesseurs).

**161. — Saint Joseph.**

Saint Joseph considéré comme le patron des ouvriers. (Reine de tous les saints).

**162. — Saint Victor.**

Saint Victor, soldat romain. (Reine de tous les saints).

**163. — Saint Pierre.**

Saint Pierre médite sur le pouvoir des clefs. (Reine des apôtres).

**164. — Saint Paul.**

Saint Paul, à Malte, livre la vipère au feu. (Reine des apôtres).

**165. — Saint Jean.**

Saint Jean cherche au ciel l'explication du Verbe. (Reine des apôtres).

S

## ORSEL (FEU VICTOR)

### 166. — Saint Mathieu.

Saint Mathieu médite sur les souvenirs en écrivant l'Evangile. (Reine des apôtres).

### 167. — Saint Jacques.

Saint Jacques, premier évêque de Jérusalem.
Tous ces cartons (151-167) appartiennent à M. Félix Perin, architecte. Ils ont été exécutés par feu Orsel pour la décoration de la chapelle de la Vierge, à l'église Notre-Dame-de-Lorette.

## OURI (ALPHONSE)

### 168. — Décoration pour la salle à manger du Jockey Club de Paris.

### 169. — Décoration d'une galerie de l'hôtel de M. le marquis de Casariera, à Paris. (Ancien hôtel Fould).

### 170. — Salle à manger du château de la Ferté-Fresnel (Orne).

### 171. — Grand salon du château de Gretz, à Armainvilliers (Seine-et-Marne).

### 172. — Salle à manger, hôtel de M. Mitjano, à Paris.

### 173. — 1° Bibliothèque et cabinet de travail.

2° Salon et grand salon.

Décoration de l'hôtel du prince Narishkine, à Saint-Pétersbourg.

### 174. — Salle à manger et bibliothèque.

Décoration de l'hôtel de M. le marquis d'Hautpoul, à Paris.

## PERIN (FEU ALPHONSE)

Né à Paris en 1798 ; mort le 6 octobre 1874.

175. — *Ange remettant l'épée dans le fourreau.*

176. — *Ange ouvrant la porte du ciel.*

177. — *La Force du chrétien sur le bûcher.*

178. — *L'Espérance en la croix soutient la veuve et l'orphelin.*

179. — *La Charité réunit devant le pain mystique la victime qui pardonne et l'assassin qui se repent.*

180. — *La Force du chrétien devant les richesses.*

181. — *La Piété. Le prêtre élève l'hostie et la consacre.*

182. — *La Charité. Le pain mystique réunit toutes les infortunes et les soulage.*

183. — *La Pureté. Le prêtre lave ses mains afin que tout en lui soit pur.*

184. — *La Piété. Le baiser de paix.*

185. — *Assis sur son trône, le pape tient serré contre lui les Saints Évangiles, dont la garde lui est confiée, et il lève les yeux vers le ciel d'où lui vient la force.*

186. — *L'Étude des livres saints est personnifiée par saint Jérôme.*

187. — *La Croix, arbre de vie.*

## PERIN (FEU ALPHONSE)

**188. — *Le Figuier arbre de mort, le serpent enroulé à ses pieds meurt.***

Ces quatorze cartons ont été exécutés par feu Perin pour la décoration des pieds droits de la chapelle de l'Eucharistie qui se trouve en face de celle de la Vierge décorée par son ami Orsel, à l'église Notre-Dame-de-Lorette.

## PETIT (EUGÈNE)

**189. — *Maquette pour dessus de cheminée.***

**190. — *Deux panneaux.***

Esquisses pour la décoration d'un salon.

**191. — *Trois panneaux.***

Esquisses pour la décoration d'un salon et d'une salle à manger.

**192. — *Quatre maquettes, pour tapisseries de Beauvais.***

Devant servir à la décoration du grand escalier d'honneur du palais du Luxembourg.

## PRIGNOT

**193. — *Dessin, modèle d'une portière.***

**194. — *Dessin, modèle de bordure pour papiers peints.***

## THIRION (EUGÈNE-ROMAIN)

**195. — *1° Songe de saint Joseph.***

      **2° *Repos en Egypte.***

Décoration de la chapelle Saint-Joseph. (Eglise de la Trinité, à Paris).

## TIMBAL (CHARLES)

*196. — Sainte Geneviève apportant des vivres aux Parisiens assiégés.*

*197. — Châsse de sainte Geneviève promenée dans Paris pendant la peste des Ardents.*

Grandes esquisses pour la décoration de la chapelle Sainte-Geneviève à l'église Saint-Sulpice.

## VILLEMINOT

*198. — Dessins.*

Modèles pour la céramique.

-----

# SCULPTURE

-----

## BARRIAS (LOUIS-ERNEST)

*199. — La Fortune.*

Bas-relief décoratif en pierre dure.

## VILLEMINOT

*200. — Modèle en plâtre d'un grand plateau pour l'orfèvrerie.*

# REPRODUCTIONS

## PHOTOCHROMIQUES, ETC.

---

### SOCIÉTÉ ANONYME DE PUBLICATIONS PÉRIODIQUES

**201. — *Gaston de Foix, duc de Nemours.***

Reproduction par la photochromie (procédé Léon Vidal) du bas-relief de M. Falize qui se trouve à l'exposition du Musée des Arts décoratifs. (Salle de la bijouterie.).

**202. — *Marguerite de Valois, reine de Navarre.***

Reproduction par la photochromie (procédé Léon Vidal) du bas-relief de M. Falize, qui se trouve à l'exposition du Musée des Arts décoratifs. (Voy. Catalogue de la bijouterie, nº 66).

**203. — *Marguerite de Foix, duchesse de Bretagne.***

Reproduction par la photochromie du panneau de M. Falize, qui se trouve à l'exposition du Musée des Arts décoratifs. (Voy. le Catalogue de la bijouterie, nº 64.)

**204 et 205. — *Reproductions de vieilles tapisseries.***

Reproductions par la photochromie, destinées à l'ouvrage de l'*Histoire de la Tapisserie*, par MM. Guiffrey, Pinchard et Müntz.

**206. — *Dentelle, point d'Alençon.***

Reproduction par la phototypie.

**207. — *Boîte d'évangéliaire.***

Reproduction par la photochromie de la boîte qui se trouve au Musée du Louvre, pour l'ouvrage intitulé *la Galerie d'Apollon* (1878-1879, fascicules I-XII, gr. in-fol.

**208. — *Coffret d'Anne d'Autriche.***

Reproduction par la photochromie du coffret qui trouve au Musée du Louvre.

FIN

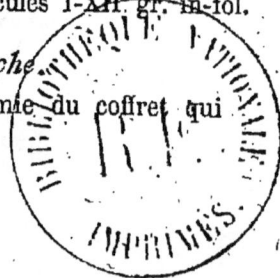

# TABLE ALPHABÉTIQUE

ET

## ADRESSES DES EXPOSANTS

AVEC INDICATION DE LA PAGE OU ILS SONT CITÉS
DANS CETTE NOTICE

---

Paris. — Imprimerie P. Mouillot, 13, quai Voltaire. — 13130.

www.ingramcontent.com/pod-product-compliance
Lightning Source LLC
Chambersburg PA
CBHW071822090426
42737CB00012B/2161